中国工会十七大
文件汇编

李玉赋　主编

中国工人出版社

目　录

党和国家领导人讲话、报告、致词

中国工会十七大文件

中国工会十七大领导机构、全总十七届领导机构

人民团体和解放军贺词

新闻宣传

学习宣传贯彻通知

党和国家领导人讲话、报告、致词

习近平在同中华全国总工会新一届领导班子成员集体谈话时强调

团结动员亿万职工积极建功新时代 开创我国工运事业和工会工作新局面

王沪宁出席

新华社北京10月29日电 中共中央总书记、国家主席、中央军委主席习近平29日上午在中南海同中华全国总工会新一届领导班子成员集体谈话并发表重要讲话。习近平强调，我国工运事业是党的事业的重要组成部分，工会工作是党治国理政的一项经常性、基础性工作。要坚持党对工会工作的领导，团结动员亿万职工积极建功新时代，加强对职工的思想政治引领，加大对职工群众的维权服务力度，深入推进工会改革创新，勇于担当、锐意进取，积极作为、真抓实干，开创新时代我国工运事业和工会工作新局面。

中共中央政治局常委、中央书记处书记王沪宁参加集体谈话。

习近平首先表示，几天前，中国工会第十七次全国代表大会胜利闭幕了。大会贯彻党中央要求，对当前和今后一个时期工会工作作出部署，选举产生了全国总工会新一届领导班子。我代表党中央，对中国工会十七大成功召开、对全国总工会新一届领导班子表示热烈祝贺，向全国各族职工群众、劳动模范和工会工作者致以诚挚问候。全国总工会新一届领导班子对贯彻落实党中央决策部署、做好工会工作，态度坚决，信心坚定，情绪饱满，精神振奋。党中央对全国总工会新一届领导班子寄予殷切期望。

习近平指出，过去5年，全国总工会和各级工会认真学习贯彻新时代中国特色社会主义思想，落实党中央关于工会工作的决策部署，在加强职工政治引领、组织职工建功立业、维护职工合法权益、保持职工队伍稳定、深化工会改革创新、推进工会系统党的建设等方面做了大量富有成效的工作，工会在党和国家工作大局中的作用进一步彰显。

习近平强调，工会要忠诚党的事业，通过扎实有效的工作把坚持党的领导和我国社会主义制度落实到广大职工群众中去。要认真落实新时代党的建设总要求，增强“四个意识”，坚定“四个自信”，坚决维护党中央权威和集中统一领导，始终在政治立场、政治方向、政治原则、政治道路上同党中央保持高度一致。要完善学习制度，深入开展新时代中国特色社会主义思想的学习培训，增强对党的基本理论、基本路线、基本方略的政治认同、思想认同、情感认同，不断提高运用马克思主义立场、观点、方法分析解决问题的能力和水平。要深刻领会党中央关于工人阶级和工会工作重要论述的精神实质，结合实际落实到工会工作全过程和各方面。要把执行党的意志的坚定性和为职工服务的实效性统一起来，把党的路线方针政策和决策部署落实到工会各项工作中去，把党的意志和主张落实到广大职工中去。

习近平指出，完成党的十九大提出的目标任务，必须充分发挥工人阶级主力军作用。我国广大职工要牢牢把握为实现中国梦而奋斗的时代主题，把自身前途命运同国家和民族前途命运紧紧联系在一起，把个人梦同中国梦紧密联系在一起，把实现党和国家确立的发展目标变成自己的自觉行动，爱岗敬业、争创一流，以不懈奋斗书写新时代华章，共同创造幸福生活和美好未来。要围绕树立新发展理念、推动高质量发展、建设现代化经济体系，引导职工以“当好主人翁、建功新时代”为主题，深入开展各类竞赛活动。要加强产业工人队伍建设，加快建设一支宏大的知识型、技能型、创新型产业工人大军。劳动模范是民族的精英、人民的楷模。大国工匠是职工队伍中的高技能人才。工会要协同各个方面为劳动模范、大国工匠发挥作用搭建平台、提供舞台，培养造就更多劳动模范、大国工匠。

习近平强调，引导职工群众听党话、跟党走，巩固党执政的阶级基础和群众基础，是工会组织的政治责任。时代变化了，但从群众中来、到群众中去的工作方法不能变。工会要适应新形势新任务，加强和改进职工思想政治工作，多做组织群众、宣传群众、教育群众、引导群众的工作，多做统一思想、凝聚人心、化解矛盾、增进感情、激发动力的工作，更好强信心、聚民心、暖人心，使广大职工在理想信念、价值理念、道德观念上紧紧团结在一起。要最大限度把农民工吸收到工会中来，使他们成为工人阶级坚定可靠的新生力量。要坚持以社会主义核心价值观引领职工，深化“中国梦·劳动美”主题教育，打造健康文明、昂扬向上、全员参与的职工文化。要把网上工作作为工会联系职工、服务职工的重要平台，增强传播力、引导力、影响力。

习近平指出，工会要坚持以职工为中心的工作导向，抓住职工群众最关心最直接最现实的利益问题，认真履行维护职工合法权益、竭诚服务职工群众的基本职责，把群众观念牢牢根植于心中，哪里的职工合法权益受到侵害，哪里的工会就要站出来说话。要做好城市困难职工解困脱困工作，及时做好因各种原因返贫致困职工的帮扶救助，为广大职工提供具有工会特点的普惠性、常态性、精准性服务。

习近平强调，工会改革是全面深化改革的重要组成部分。党的十九届三中全会对群团组织改革提出了新的要求，工会要认真贯彻落实，构建联系广泛、服务职工的工会工作体系。要树立大抓基层的鲜明导向，坚持眼睛向下、面向基层，把力量和资源向基层倾斜投放，把广大职工凝聚在党的周围。要加强对工会干部的教育、管理、监督，完善联系职工群众的制度机制，深入基层一线，加强调查研究，坚决防止“四风”特别是形式主义、官僚主义，让职工群众真正感受到工会是职工之家，工会干部是最可信赖的娘家人、贴心人。

习近平指出，各级党委和政府要贯彻党的全心全意依靠工人阶级的方针，保证工人阶级的主人翁地位。要加强和改进党对工会工作的领导，研究解决工会工作中的重大问题，推动建设一支高素质专业化的工会干部队伍，支持工会依法依章程创造性开展工作。

中华全国总工会主席王东明代表中华全国总工会新一届领导班子汇报了中国工会十七大召开情况和做好工会工作的考虑。全国总工会副主席李玉赋、张工、巨晓林作了发言。

丁薛祥、杨晓渡、陈希、郭声琨、黄坤明参加集体谈话。

（《人民日报》2018年10月30日）

李克强在中国工会十七大作经济形势报告时强调

坚定信心攻坚克难调动各方面积极性 促进经济持续平稳运行和高质量发展

本报北京10月24日电 10月24日，中共中央政治局常委、国务院总理李克强应邀在中国工会第十七次全国代表大会上作经济形势报告。他向为经济社会发展作出巨大贡献的中国工人阶级表示崇高敬意。

李克强深刻分析和阐述了当前我国经济形势。他说，今年以来，全国上下在以习近平同志为核心的党中央坚强领导下，不断深化改革开放，积极应对困难挑战，我国经济运行总体平稳、稳中有进，保持在合理区间。前三季度，经济在高基数的基础上增速继续位于世界主要经济体前列。城镇新增就业达到1107万人。用电量、货运量等实物量指标匹配增长，消费和服务业对发展的支撑作用进一步增强。新技术新产业新业态新模式等新动能不断壮大，市场活力持续迸发，日均新注册企业超过1.8万户。在国际国内环境错综复杂多变的大背景下，我国经济实现有就业、收入增、物价稳的发展，而且结构继续优化，我们经过努力可以完成全年经济社会发展目标任务并为明年发展打下基础。但也看到，当前发展面临的困难和外部风险挑战增多，经济运行稳中有缓、稳中存忧，下行压力加大，不少企业生产经营困难，市场预期和信心受到影响。我们既要看到我国发展具有较大韧性和回旋余地，又要高度重视困难挑战，贯彻好党中央、国务院各项部署，坚持稳中求进工作总基调，根据实际不断创新宏观调控思路和方式，不搞大水漫灌，持续深化改革、扩大开放、促进创新，着力优化营商环境，更大力度简政减税降费，更有效激发市场主体活力，更多举措挖掘内需潜力，更有针对性破解实体经济发展难题，更好保障和改善民生，保持经济平稳运行在合理区间，促进经济高质量发展。

李克强指出，我国拥有世界上规模最大的人力人才资源，这是发展的巨大潜力和优势。随着国民受教育水平提高，劳动者素质持续提升，高技能人才队伍不断壮大。只要我们把千千万万劳动者的积极性主动性创造性调动起来、发挥出来，就没有克服不了的困难。

李克强说，要在发展中保障好广大职工合法权益。把稳就业作为宏观政策的优先目标，做好重点群体就业和困难企业职工稳岗转岗、就业帮扶工作。努力增加职工收入。扎牢社会保障安全网，维护好女职工权益，有效保障职工劳动安全。

李克强强调，工会组织作为党联系职工群众的桥梁和纽带，要坚决维护习近平总书记核心地位，坚决维护党中央权威和集中统一领导，高举中国特色社会主义伟大旗帜，积极服务发展大局，竭诚服务职工群众，为构建和谐稳定的劳动关系发挥更大作用。各级政府要大力支持工会工作。

大会主席团常务主席王东明主持会议，国务委员肖捷出席，工会十七大全体代表等约3000人参加报告会。

（《人民日报》2018年10月25日）

展示新时代我国工人阶级团结奋斗新风采

——在中国工会第十七次全国代表大会上的致词

（2018 年 10 月 22 日）

王沪宁

各位代表，同志们：

中国工会第十七次全国代表大会今天隆重开幕了。我受党中央和习近平总书记委托，向大会的召开表示热烈的祝贺！向全国各族职工和工会干部致以诚挚的问候！

今年是改革开放 40 周年。40 年来，我国工人阶级坚定走在时代前列，充分发挥了先进阶级的重要作用，绽放出夺目的时代风采。特别是党的十八大以来，在以习近平同志为核心的党中央坚强领导下，我国工人阶级以高度的主人翁使命感和历史责任感，积极投身进行伟大斗争、建设伟大工程、推进伟大事业、实现伟大梦想的火热实践，推动党和国家事业取得全方位、开创性历史成就，发生深层次、根本性历史变革。实践充分证明，我国工人阶级不愧是中国共产党最坚实最可靠的阶级基础，不愧是我们社会主义国家的领导阶级，不愧是先进生产力和生产关系的代表，不愧是坚持和发展中国特色社会主义的主力军。

中国工会十六大以来，各级工会坚持以习近平新时代中国特色社会主义思想为指导，学习贯彻习近平总书记关于工人阶级和工会工作的重要论述，组织动员职工建功立业，加大维权服务力度，推动构建和谐劳动关系，推进产业工人队伍建设改革，深化工会改革创新，加强工会系统党的建设，拓展国际交流合作，各项工作取得了重要进展，工会组织和工会工作政治性、先进性、群众性显著增强。

习近平总书记始终高度重视工人阶级和工会工作，领导召开党的历史上第一次中央党的群团工作会议，指导制定加强和改进党的群团工作意见、全总改革试点方案和产业工人队伍建设改革方案，每到一地考察都深入基层看望劳动模范和一线职工，亲临全总机关与劳模代表座谈，给“郭明义爱心团队”、中国劳动关系学院劳模本科班学员回信，就工人阶级和工会工作作出重要指示，深刻阐明了工会工作地位作用、目标任务、实践要求，形成了习近平总书记关于工人阶级和工会工作的重要论述。这些重要论述，科学回答了工人阶级和工会工作的一系列方向性、根本性、战略性重大问题，贯穿了党的全心全意依靠工人阶级的方针，丰富了马克思主义工人阶级和工运学说，为新时代工运事业和工会工作创新发展指明了前进方向、提供了根本遵循。

党的十九大提出到 2020 年全面建成小康社会，到 2035 年基本实现社会主义现代化，到本世纪中叶把我国建成富强民主文明和谐美丽的社会主义现代化强国。这是全党全国各族人民的共同任务，更是我国工人阶级的历史使命。我国工人阶级要把思想和行动统一到党的十九大精神上来，把智慧和力量凝聚到落实党中央决策部署上来，唱响新时代奋斗者之歌。

坚守理想信念，彰显阶级本色。中国特色社会主义最本质的特征是中国共产党领导，中国特色社会主义制度的最大优势是中国共产党领导。作为我们党最坚实最可靠的阶级基础，我国工人阶级要发扬紧跟党的步伐、听从党的指挥的光荣传统，自觉用习近平新时代中国特色社会主义思想武装头脑，始终在思想上政治上行动上同以习近平同志为核心的党中央保持高度一致，坚定不移听党话，矢志不渝跟党走，成为党执政的坚实依靠力量、强大支持力量、深厚社会基础。要牢固树立共产主义远大理想和中国特色社会主义共同理想，自觉把个人理想、家庭幸福融入国家富强、民族复兴的伟业之中，让理想信念之光照亮奋斗之路。

弘扬民族精神，引领社会风尚。全国各族人民在长期奋斗中培育、继承、发展起来的伟大民族精神，为我国发展和人类文明进步提供了强大精神动力。我国工人阶级是物质财富的创造者，也是精神财富的创造者，是践行民族精神的重要力量。要自觉培育和践行社会主义核心价值观，踊跃参加群众性精神文明创建活动和以职业道德为重点的“四德”建设，勤于创造、勇于奋斗、善于团结、敢于梦想，当好伟大民族精神的传承者、弘扬者。要大力弘扬劳模精神、劳动精神、工匠精神，对标先进、见贤思齐，诚实劳动、勤勉工作，营造劳动光荣的社会风尚和精益求精的敬业风气，用工人阶级先进思想和模范行为影响和带动全社会。广大知识分子要踊跃参加“弘扬爱国奋斗精神、建功立业新时代”活动，形成不懈奋斗、团结奋斗的生动局面。

激发劳动热情，凝聚奋斗伟力。社会主义是干出来的，新时代也是干出来的。实现我们的奋斗目标，需要包括工人阶级在内的广大劳动群众继续在新时代的宽广舞台上建功立业。要以主人翁姿态积极投身经济建设主战场，干一行爱一行，钻一行精一行，以卓越的劳动创造争做新时代的见证者、开创者、建设者，以实干书写人生，用奋斗镌刻荣光。要围绕实施创新驱动发展战略，聚焦技术创新，拿出奋力拼搏的干劲、奋勇当先的闯劲、奋发有为的钻劲，攻坚克难、追求卓越，把关键核心技术牢牢掌握在自己手中。要自觉践行绿色发展方式和生活方式，保护生态环境，建设美丽中国，守护好蓝天碧水净土。

矢志改革创新，勇立时代潮头。人民是推动改革开放的真正英雄。新时代全面深化改革进入新阶段，改革开放天地宽，砥砺奋进正当时。我国工人阶级作为改革的参与者、推动者、受益者，要旗帜鲜明支持改革、全力以赴推动改革，以实际行动争做改革的促进派和排头兵，在全面深化改革新征程中再立新功。要识大体、顾大局，正确对待改革过程中利益关系和利益格局的调整，依法理性有序表达诉求，坚决维护职工队伍和谐稳定，更加紧密团结在党的周围。

勤于学习实践，练就过硬本领。劳动者素质对一个国家、一个民族发展至关重要。能力素质不是一劳永逸、一蹴而就的，必须持续升级、不断扩容。我国工人阶级要积极应对形势任务发展带来的新挑战，努力成为知识型劳动者，主动学习、善于学习，及时掌握新的科学文化知识和专业技术知识，在学习思考中开拓视野；努力成为技能型劳动者，勤学苦练、潜心钻研，掌握新技能、提升新本领，在生产实践中增长才干；努力成为创新型劳动者，增强创新意识、培养创新思维，激发创新才智、勇于创新实践，在千帆竞发、百舸争流的时代洪流中展现风采，在报效祖国、服务社会的精彩人生中有所作为。

工会是党领导的工人阶级群众组织，承担着组织动员广大职工为完成党的中心任务而共同奋斗的重大责任。立足新时代，各级工会要围绕统筹推进“五位一体”总体布局和协调推进“四个全面”战略布局，忠诚履职、奋力作为，不断开创新时代工会工作新局面。

始终坚定正确政治方向。要增强“四个意识”、坚定“四个自信”，坚决维护习近平总书记党中央的核心、全党的核心地位，坚决维护党中央权威和集中统一领导，在政治立场、政治方向、政治原则、政治道路上同以习近平同志为核心的党中央保持高度一致。要加强对职工的思想政治引领，引导广大职工增强对党的基本理论、基本路线、基本方略的政治认同、思想认同、情感认同，切实承担起团结引导职工群众听党话、跟党走的政治责任。

牢牢把握工运时代主题。把握为实现中华民族伟大复兴的中国梦而奋斗的时代主题，是我国工人阶级发挥主力军作用的重要体现，是工会组织体现价值、彰显作为的重要途径。各级工会要牢牢把握党的十九大提出的目标任务，把党和国家重大战略部署转化为工会工作的具体安排和实际行动，深化“中国梦·劳动美”主题教育，开展“当好主人翁、建功新时代”主题劳动和技能竞赛，组织动员广大职工为实现高质量发展贡献智慧和力量。要扎实推进产业工人队伍建设改革，造就一支有理想守信念、懂技术会创新、敢担当讲奉献的宏大的产业工人队伍。

切实做好维权服务工作。维护职工合法权益、竭诚服务职工群众是工会组织的基本职责，是发挥广大职工积极性、主动性、创造性最重要最基础的工作。各级工会要顺应职工群众对美好生活的向往，切实做好全面深化改革特别是供给侧结构性改革、去产能过程中职工权益维护工作，推动构建和谐劳动关系。要健全工会服务职工体系，做实服务职工工作，把党和政府的关怀与工会的温暖送到广大职工心坎上，成为职工信得过、靠得住、离不开的知心人、贴心人、“娘家人”。

不断深化工会改革创新。工会改革是全面深化改革的重要组成部分，也是工会组织的重要任务。要牢牢把握群团改革部署要求，聚焦增强政治性、先进性、群众性，构建联系广泛、服务职工的工会工作体系，切实增强团结教育、维护权益、服务职工功能，增强工会工作的动力活力。

深入落实全面从严治党要求。各级工会要认真贯彻新时代党的建设总要求，以党的政治建设为统领，以高度的政治自觉抓好工会系统党建工作，带动工会自身建设全面推进，把工会组织建设得更加充满活力、更加坚强有力。

各级党委要把工会工作摆上重要议程，加强和改进对工会工作的领导，关心工会干部学习和成长，为工会开展工作赋予更多资源，创造更好条件。

各位代表，同志们！新时代开辟工运事业新前景，新征程呼唤工人阶级新作为。让我们紧密团结在以习近平同志为核心的党中央周围，凝心聚力、锐意进取，为决胜全面建成小康社会、夺取新时代中国特色社会主义伟大胜利、实现中华民族伟大复兴的中国梦而不懈奋斗！

最后，预祝中国工会第十七次全国代表大会圆满成功！

（新华社北京 10 月 22 日电）

中国工会十七大文件

以习近平新时代中国特色社会主义思想为指导　团结动员亿万职工为决胜全面建成小康社会　夺取新时代中国特色社会主义伟大胜利而奋斗

——在中国工会第十七次全国代表大会上的报告

（2018 年 10 月 22 日）

王 东 明

各位代表，同志们：

现在，我代表中华全国总工会第十六届执行委员会向大会作报告，请予审议。

中国工会第十七次全国代表大会，是在我国进入全面建成小康社会决胜阶段、中国特色社会主义进入新时代召开的一次重要会议。大会的主题是：**以习近平新时代中国特色社会主义思想为指导，坚持走中国特色社会主义工会发展道路，忠诚党的事业，竭诚服务职工，团结动员亿万职工为决胜全面建成小康社会、夺取新时代中国特色社会主义伟大胜利而奋斗。**

一、过去五年工会工作的重要成就

党的十八大以来，以习近平同志为核心的党中央团结带领全党全国各族人民，统筹推进“五位一体”总体布局、协调推进“四个全面”战略布局，党和国家事业取得历史性成就、发生历史性变革，中国特色社会主义进入了新时代。在这一伟大历史进程中，全国亿万职工以高度的主人翁责任感和历史使命感，凝心聚力、砥砺奋进，为推进中国特色社会主义伟大事业作出了重要贡献。

习近平总书记始终关心重视工人阶级和工会工作，领导召开党的历史上第一次中央党的群团工作会议，指导制定加强和改进党的群团工作的意见、产业工人队伍建设改革方案和全总改革试点方案等，亲临全总机关与劳模代表座谈、给劳模本科班学员回信，每到一地考察都深入基层看望劳模、慰问职工，围绕工人阶级和工会工作多次发表重要讲话、作出重要指示，为充分发挥工人阶级主力军作用、推进党的工运事业和工会工作指明了方向。中国工会十六大以来的五年，各级工会把学习宣传贯彻习近平新时代中国特色社会主义思想和党的十八大、十九大精神作为首要政治任务，认真学习贯彻习近平总书记关于工人阶级和工会工作的重要论述，坚持走中国特色社会主义工会发展道路，把握为实现中华民族伟大复兴的中国梦而奋斗的工人运动时代主题，忠诚履职、积极作为，各项工作取得了显著成效。这五年，是工会组织和工会工作政治性、先进性、群众性进一步增强的五年，是维权服务工作不断推进的五年，是工会深化改革锐意进取的五年，是工会系统党的建设持续加强的五年，是工会在党和国家工作大局中作用有力彰显的五年。

（一）切实加强对职工的思想政治引领，党执政的阶级基础和群众基础更加巩固。

各级工会把团结引导职工听党话、跟党走作为重要政治责任，提升政治站位、加强理论武装，深化学习教育、层层培训宣讲，推动习近平新时代中国特色社会主义思想进工会院校、进基层一线、进工会干部和广大职工头脑。广泛开展“中国梦·劳动美——永远跟党走”“喜迎党的十九大”等主题宣传教育活动，通过职工大讲堂、劳模工匠宣讲团等，加大宣传阐释力度，覆盖职工超过3亿人次。坚决贯彻落实意识形态工作责任制，加强和改进职工思想政治工作，加强职工职业道德建设，扎实开展精神文明创建活动，积极培育职工文化，建设职工书屋10万多家，辐射职工6000万人以上，引导职工践行社会主义核心价值观。各级工会干部和广大职工切实增强“四个意识”，坚定“四个自信”，对习近平新时代中国特色社会主义思想高度认同，对习近平总书记作为党的核心、军队统帅、人民领袖衷心拥护，对中华民族伟大复兴的光明前景充满信心，在思想上政治上行动上同以习近平同志为核心的党中央保持高度一致。

（二）大力弘扬劳模精神、劳动精神、工匠精神，工人阶级在实现中国梦中的主力军作用充分发挥。

贯彻落实新发展理念，组织职工先后开展“当好主力军、建功‘十二五’”“践行新理念、建功‘十三五’”“当好主人翁、建功新时代”等主题劳动和技能竞赛，在“一带一路”建设、京津冀协同发展、长江经济带发展等国家重大战略中展示风采，在港珠澳大桥、“蛟龙”、神舟、高铁、大飞机等重大工程中攻坚克难，在打赢防范化解重大风险、精准脱贫、污染防治三大攻坚战中献计出力，在深化供给侧结构性改革、振兴实体经济、推动经济高质量发展中展现作为，在实施创新驱动发展战略中勇立潮头。五年来，参加基层企事业工会开展的劳动和技能竞赛的职工达5.2亿人次，提出合理化建议6224.6万件，实现技术革新349.0万项。开展“中国梦·大国工匠篇”“大国工匠进校园”主题宣传，选树“金牌工人”“首席技师”“首席员工”271.1万人次，县级及县级以上地方工会命名劳模创新工作室1.8万家，7项一线技术工人创新成果荣获国家科技进步奖，叫响做实“大国工匠”品牌，推动形成尊重劳动、崇尚技能、鼓励创造的社会风尚。

（三）扎实推进产业工人队伍建设改革，工人阶级先进性不断增强。

中共中央、国务院首次出台《新时期产业工人队伍建设改革方案》。按照党中央部署，全总牵头、会同有关部门，研究制定方案并组织落实，推动建设一支有理想守信念、懂技术会创新、敢担当讲奉献的宏大的产业工人队伍。着眼构建产业工人技能形成体系，创新技能导向的激励机制，推动出台《关于提高技术工人待遇的意见》等政策。加强职工技能培训，五年来，3463.8万人次参加基层以上工会开展的技术培训。重视满足产业工人的精神文化需求，产业工人队伍精神面貌焕然一新，在引领社会风尚中发挥了积极作用。

（四）深入开展维权服务工作，职工群众获得感、幸福感、安全感大幅提升。

高举维护职工合法权益的旗帜，围绕职工最关心最直接最现实的利益问题开展工作。协助党委和政府做好供给侧结构性改革中职工转岗安置、劳动关系处置、再就业培训、创业带动就业等工作。积极参与涉及职工利益法律法规政策的制定修改，职工合法权益得到制度性保障。开展集体协商攻坚活动，推动平等协商和集体合同扩面提质增效，坚持和完善以职工代表大会为基本形式的企事业单位民主管理制度，开展以“安康杯”竞赛为载体的群众性安全生产和职业健康活动。推进女职工维权服务工作，女职工合法权益和特殊利益进一步得到维护。创新农民工维权服务工作，推动农民工欠薪问题解决，提升农民工职业技能，农民工权益进一步实现。

贯彻落实中共中央、国务院印发的《关于构建和谐劳动关系的意见》，深入开展和谐劳动关系创建活动。大力推进城市困难职工解困脱困工作，拓展困难职工帮扶中心功能，实施“四个一批”、精准帮扶，实现送温暖、金秋助学、阳光就业、职工医疗互助保障等工作常态化、长效化。五年来，各级工会累计筹集帮扶资金200亿元，帮助242万户的困难职工家庭脱困。加强工会援疆援藏工作，提升对口帮扶针对性实效性。积极推动源头治理劳动关系矛盾，参与劳动争议处理，开展工会劳动法律监督和法律援助工作，推进工会联系引导劳动关系领域社会组织工作，维护劳动关系领域政治安全。

（五）持续深化工会改革创新，工会组织吸引力凝聚力战斗力明显增强。

贯彻落实《中共中央关于加强和改进党的群团工作的意见》和中央党的群团工作会议精神，全总作为中央群团机关改革试点单位，紧紧围绕保持和增强政治性、先进性、群众性，先行先试、勇于创新，上海、重庆市工会在群团改革试点中，有力有序推进改革，取得了阶段性成效，创造了一批可复制可推广的经验。各级工会结合实际主动对接、及时跟进，形成了上下联动、左右互动、整体推动的改革局面。工会领导机关精简编制，提高领导机构中劳模和一线职工代表比例，建立专职为主、兼职与挂职相结合的工会干部队伍，增强了工会组织的广泛性和代表性。以非公有制经济组织、社会组织、新产业新业态、开发区（工业园区）为重点领域，以农民工、货车司机等群体为重点对象，开展“强基层、补短板、增活力”工作和入会集中行动。积极推进“互联网+”工会建设，探索普惠职工、网上入会等新方式、新途径，工会组建实现新的突破。目前，全国工会会员总数3.0亿人，其中农民工会员1.4亿人，基层工会组织 280.9 万个，覆盖单位 655.1 万个。发挥产业工会联系广泛、熟悉产业、直通基层的优势，积极推进各具特色的劳动和技能竞赛、维权服务等工作。改革完善工会资产监督管理体制机制，突出工人文化宫、工会院校、工人疗休养院的公益性、服务性，推动工人文化宫、职工书屋纳入公共文化服务体系。深入开展加强基层工会工作、产业工人队伍建设、保障和改善民生、全国职工队伍状况等重大调研活动，推进联系基层、服务职工长效化机制化建设。

（六）全面加强工会系统党的建设，风清气正的政治生态进一步形成。

建立健全工会系统党建工作责任制和党风廉政建设责任制，切实履行“两个责任”，推动工会全面从严治党向纵深发展。坚持以党章为根本遵循，把党的政治建设摆在首位，严格遵守政治纪律和政治规矩，扎实开展党的群众路线教育实践活动、“三严三实”专题教育、“两学一做”学习教育，增强了工会系统党内政治生活的政治性、时代性、原则性、战斗性。深入推进工会系统党风廉政建设和反腐败工作，多次召开全国工会党风廉政建设工作会议。持之以恒加强作风建设，开展执行中央八项规定精神督查，始终保持整治“四风”的良好势头。自觉接受巡视监督，从严从实抓好巡视整改，发挥纪检组织作用，开展监督执纪问责情况专项检查。严格依法依规管理、使用工会经费和资产，探索构建经审监督体系，织密制度笼子，严防黑洞漏洞。

五年来，工会港澳台工作扎实推进，连续举办海峡两岸工会论坛、海峡职工论坛，与港澳台工会及职工的交流合作不断增进。服务国家总体外交和“一带一路”建设，成功举办二十国集团劳动会议、“一带一路”沿线国家工会国际研讨会、金砖国家工会论坛、上合组织国家职工技能大赛、海上丝绸之路职工研讨营等活动，中国工会代表连续高票当选国际劳工组织工人正理事，进一步发展了同各国工会组织、国际和区域工会组织的双边和多边关系，增进了同各国工人阶级的友谊。

过去五年工会工作取得的成就，是以习近平同志为核心的党中央坚强领导的结果，是各级党委关心重视、加强领导，各级人大、政府、政协和社会各界大力关心支持的结果，是广大工会干部和职工群众共同团结奋斗的结果。我代表中华全国总工会第十六届执行委员会，并以本次大会的名义，向以习近平同志为核心的党中央致以崇高的敬意！向各级党委、人大、政府、政协，向共青团、妇联等群团组织及社会各界，向人民解放军、武警部队和公安干警，表示衷心的感谢！向全国广大职工、工会干部、工会积极分子，向工会历届老领导、老同志，向港澳台工会和职工朋友，向关心和支持中国工运事业的各国朋友，致以诚挚的问候！

在总结成绩的同时，还必须清醒地看到，面对时代发展、社会变化和职工需求带来的新情况新任务，工会工作还存在一些问题和不足，主要有：工会体制机制与劳动关系、职工队伍的新变化还不适应，还滞后于形势发展的需要；工会工作载体和手段还不够丰富，与职工需求存在一定差距，运用互联网开展工作的方式方法不够多；一些工会干部的改革意识和担当精神不够强，深入基层、服务职工的作风不够扎实，处理复杂问题的能力还有不足，做职工群众工作的本领有待增强；上级工会对基层指导服务不够到位，工会基层基础薄弱的短板需要进一步补齐，等等。对此必须高度重视，采取有力措施加以解决。

二、深入学习贯彻习近平新时代中国特色社会主义思想，坚定不移走中国特色社会主义工会发展道路

习近平新时代中国特色社会主义思想，从理论和实践结合上系统回答了新时代坚持和发展什么样的中国特色社会主义、怎样坚持和发展中国特色社会主义这个重大时代课题，是马克思主义中国化最新成果，是党和人民实践经验和集体智慧的结晶，是中国特色社会主义理论体系的重要组成部分，是全党全国各族人民为实现中华民族伟大复兴而奋斗的行动指南，为新时代工运事业和工会工作创新发展提供了根本遵循，是各级工会组织和广大工会干部的强大思想武器。

党的十八大以来，习近平总书记对党的工运事业和工会工作高度重视，深刻阐明了工会工作的地位作用、目标任务、实践要求，科学回答了工人阶级和工会工作的一系列方向性、根本性、战略性重大问题，形成了习近平总书记关于工人阶级和工会工作的重要论述。主要有：

——坚持党对工会工作的领导。强调中国共产党领导是中国特色社会主义最本质特征，是中国特色社会主义制度的最大优势，党是领导一切的。做好群众工作，保持党同人民群众的血肉联系，是全党重大而紧迫的政治任务。工会工作是党的群团工作、群众工作的重要组成部分，是党治国理政的一项经常性、基础性工作。各级党委要加强和改进对工会的领导，注重发挥工会组织的作用，加大对工会工作的支持保障力度，为工会工作创造更加有利的条件。这是做好工会工作的政治原则和根本保证。

——坚持全心全意依靠工人阶级。强调工人阶级是我们党

最坚实最可靠的阶级基础，是我国的领导阶级。坚持和发展中国特色社会主义，必须巩固工人阶级的领导阶级地位，充分发挥工人阶级的主力军作用。全心全意依靠工人阶级要贯彻到党和国家政策制定、工作推进全过程，落实到企业生产经营各方面，做到在政治上保证、制度上落实、素质上提高、权益上维护，更好地把广大职工群众紧紧团结在党和政府周围。这是党和国家始终坚持的根本方针。

——坚持为实现中华民族伟大复兴的中国梦而奋斗。强调实现中华民族伟大复兴，是中华民族近代以来最伟大的梦想，根本上要靠包括工人阶级在内的全体人民的劳动、创造、奉献。工会要牢牢抓住这个主题，把推动科学发展、实现稳中求进作为发挥作用的主战场，建设知识型、技能型、创新型劳动者大军，在改革发展稳定第一线建功立业。这是我国工人运动的时代主题。

——坚持中国特色社会主义工会发展道路。强调中国特色社会主义工会发展道路是中国特色社会主义道路的重要组成部分，深刻反映了中国工会的性质和特点，符合我国国情和历史发展趋势。要始终坚持这条道路，不断拓展这条道路，做到自觉接受党的领导、团结服务职工、依法依章程开展工作相统一，努力使这条道路越走越宽广。这是工运事业和工会工作发展的正确方向。

——坚持弘扬劳模精神、劳动精神、工匠精神。强调要树立劳动最光荣、劳动最崇高、劳动最伟大、劳动最美丽的理念，倡导辛勤劳动、诚实劳动、创造性劳动，尊敬劳动模范，用劳模的干劲、闯劲、钻劲鼓舞更多的人，激励广大劳动群众争做新时代的奋斗者，营造劳动光荣的社会风尚和精益求精的敬业风气。这是引领教育广大职工的重要抓手。

——坚持高举维护职工合法权益旗帜。强调保障职工权益是我国社会主义制度的根本要求，是党和国家的神圣职责，也是发挥广大职工群众积极性、主动性、创造性最重要最基础的工作。工会要坚决维护职工合法权益，把竭诚为职工群众服务作为一切工作的出发点和落脚点。要发挥好协调劳动关系的作用，健全劳动关系协调机制，及时正确处理劳动关系矛盾。这是工会组织的基本职责。

——坚持增强政治性、先进性、群众性的工会改革方向。强调时代在发展，事业在创新，工会工作也要发展、也要创新。加强和改进新形势下工会工作，最重要的是要保持和增强政治性、先进性、群众性。政治性是工会组织的灵魂，先进性是工会工作的重要着力点，群众性是工会组织的根本特点。在建机制、强功能、增实效上下功夫，创新组织体制、运行机制、活动方式、工作方法，让职工群众真正感受到工会是“职工之家”、工会干部是最可信赖的“娘家人”、贴心人，把工会组织建设得更加充满活力、更加坚强有力。这是推进工会工作创新发展的根本要求。

——坚持加强基层工会建设。强调必须以职工为中心、让职工当主角，眼睛向下、面向基层，力量配备、服务资源向基层倾斜，着力扩大覆盖面、增强代表性，着力强化服务意识、提高维权能力，着力加强队伍建设、提升保障水平，切实增强工会组织的凝聚力。最大限度把农民工吸收到工会组织中来，使他们成为工人阶级坚定可靠的新生力量。这是工会工作彰显活力的基础和关键。

习近平总书记关于工人阶级和工会工作的重要论述，意涵深刻、内容丰富，系统完备、科学辩证，是在我国波澜壮阔的工人运动伟大实践中产生的科学理论，具有强大的思想力量、深刻的指导作用、磅礴的实践伟力，其关键是坚持党的领导，根本是增强政治性、先进性、群众性，重点是维护职工权益、服务职工群众。这些重要论述涵盖了工会工作各领域、各方面，把我们党对工运事业和工会工作的规律性认识提升到一个新高度，是对马克思主义劳动学说和工运学说的传承和升华，是习近平新时代中国特色社会主义思想的重要组成部分，是新时代工运事业和工会工作创新发展的理论指导和行动指南。深刻领会和切实践行习近平总书记关于工人阶级和工会工作的重要论述，要求我们必须立足新时代中国特色社会主义的新方位、社会主要矛盾的新变化、共建共治共享社会治理的新格局、全面深化改革的新阶段，把握工会组织新使命、新目标、新要求，在工会各项工作中全面体现、全面落实，形成新的生动实践。

——立足新时代中国特色社会主义新方位，在实现党的十九大描绘的宏伟蓝图中贡献力量。中国特色社会主义进入新时代，这是我国发展新的历史方位。党的十九大描绘了决胜全面建成小康社会、夺取新时代中国特色社会主义伟大胜利的宏伟蓝图，作出了在2020年全面建成小康社会的基础上，分两步走在本世纪中叶建成富强民主文明和谐美丽的社会主义现代化强国的战略安排。这是工人阶级的历史重任，也是工会组织必须肩负的庄严使命。当今世界正处于大发展大变革大调整时期，全球治理体系和国际秩序变革加速推进，我国面临的改革发展稳定任务之重、矛盾风险挑战之多、治国理政考验之大前所未有。这要求工会组织发挥自身政治优势、组织优势、制度优势、群众优势、资源优势，引领职工脚踏实地艰苦奋斗、改革创新，在进行伟大斗争、建设伟大工程、推进伟大事业、实现伟大梦想中，展现新时代奋斗者的新风采。

——立足社会主要矛盾新变化，在不断满足职工群众美好生活需要中担当作为。新时代我国社会主要矛盾已经转化为人民日益增长的美好生活需要和不平衡不充分的发展之间的矛盾。适应这一新变化，不断满足职工群众的美好生活需要，成为新时代工会的奋斗目标。当前我国职工队伍规模不断壮大、结构深刻变化、素质逐步提升、权益得到实现，同时在收入分配、利益诉求、价值取向、思想观念等方面呈现日益多样化、差异化的新特征。这要求工会组织坚持以职工为中心的工作导向，深化对职工队伍发展变化特点与规律的认识，研究解决职工在劳动经济、精神文化、民主法治、公平公正、安全环境等方面多样化的需求，协调不同职工群体之间的利益关系，更好促进职工体面劳动、舒心工作、全面发展。

——立足共建共治共享社会治理新格局，在推动构建中国特色和谐劳动关系中履职尽责。劳动关系是否和谐，事关经济发展与社会和谐，事关广大职工和企业的切身利益，是加强和创新社会治理的重要内容。随着新一轮科技革命和产业变革不断深入，数字经济、共享经济等新业态蓬勃兴起，企业组织形式、管理模式、生产经营方式及用工方式等发生深刻变化，劳动关系的确立与运行、职工权益的维护和保障面临许多新情况新问题，要求工会组织把推动构建中国特色和谐劳动关系作为工作主线，及时研判劳动关系的新动向、新特征和新问题，积极化解劳动关系矛盾，组织动员职工积极参与社会治理，最大限度增加和谐因素、最大限度减少不和谐因素，构建企业与职工命运共同体，维护职工队伍团结统一与社会和谐稳定，在完善社会治理体制与提高社会治理水平中发挥工会的优势和作用。

——立足全面深化改革新阶段，在构建联系广泛、服务职工的工会工作体系中开拓创新。党的十九大在新的历史起点上对全面深化改革作出战略谋划，党的十九届三中全会对深化党和国家机构改革作出重大部署。改革进入新阶段，将进一步触及深层次利益格局调整和制度体系变革，复杂性、敏感性、艰巨性更加突出。落实改革新任务，要求工会必须以坚定的政治性引导职工，以鲜明的先进性组织职工，以广泛的群众性凝聚职工，组织动员广大职工成为全面深化改革的支持者、参与者、推动者，以更大力度、更实举措推进工会改革创新，增强工会团结教育、维护权益、服务职工功能。

三、今后五年工会工作的主要任务

今后五年工会工作的主要任务是：全面贯彻党的十九大精神，以习近平新时代中国特色社会主义思想为指导，深入学习贯彻习近平总书记关于工人阶级和工会工作的重要论述，坚持走中国特色社会主义工会发展道路，坚定政治方向，凝聚奋进力量；着力推进产业工人队伍建设改革，充分激发职工劳动热情和创造活力；着力做好工会维权服务工作，切实提升职工群众获得感、幸福感、安全感；着力深化工会改革创新，全面增强政治性、先进性、群众性；着力提高工会系统党的建设质量，把工会组织建设得更加充满活力、更加坚强有力。

（一）始终坚持正确政治方向，推动习近平新时代中国特色社会主义思想在工会系统形成生动实践。

坚持正确政治方向，就是要坚持中国共产党领导和我国社会主义制度。各级工会要自觉成为在职工群众中、在基层凝聚人心、坚守前哨、冲锋陷阵的战斗队、工作队，通过扎实有效的工作和活动，把坚持中国共产党领导和我国社会主义制度落实到广大职工群众中去。

把学习宣传贯彻习近平新时代中国特色社会主义思想作为工会组织的重大政治任务，与学习贯彻习近平总书记关于工人阶级和工会工作的重要论述结合起来，健全学习制度、创新学习方式、深化学习效果，组织广大工会干部深刻学习领会其时代背景、科学体系、精神实质、实践要求和重大意义，推动当代中国马克思主义、21 世纪马克思主义深入人心、落地生根，增强政治意识、大局意识、核心意识、看齐意识，坚定对中国特色社会主义的道路自信、理论自信、制度自信、文化自信，坚决维护习近平总书记党中央的核心、全党的核心地位，坚决维护党中央权威和集中统一领导，在政治立场、政治方向、政治原则、政治道路上始终同以习近平同志为核心的党中央保持高度一致，坚定不移听党话、跟党走。

在广大职工中深入进行有特色、接地气的宣讲，发挥工会宣传教育阵地作用，把“大学习”课堂搬到工厂车间、生产一线，引导广大职工始终拥护核心、坚决拥戴领袖，更加紧密地团结在以习近平同志为核心的党中央周围，自觉捍卫中国共产党领导和我国社会主义制度，夯实党执政的阶级基础和群众基础。深化对习近平总书记关于工人阶级和工会工作的重要论述的研究阐释和实践运用，探索和把握新时代工运事业和工会工作特点与规律，推进工会理论创新、实践创新、制度创新，不断丰富和拓展中国特色社会主义工会发展道路，使之在实践中展现出更强大、更有说服力的真理力量。

（二）牢牢把握我国工人运动时代主题，团结动员广大职工以主人翁姿态建功新时代。

我国工人运动的时代主题，是为实现中华民族伟大复兴的中国梦而奋斗。把握这一主题，为实现党的十九大提出的目标任务奋力拼搏，是工人阶级发挥主力军作用、展现主人翁风采的重要体现，是工会组织围绕中心服务大局、体现价值彰显作为的重要途径。

把统一思想、凝聚力量作为工会思想政治工作的重要任务。坚持以社会主义核心价值观引领职工，深化“中国梦·劳动美”主题宣传教育，大力弘扬伟大民族精神和中华优秀传统文化，加强以职业道德为重点的“四德”建设，培育担当民族复兴大任的时代新人。加强宪法学习宣传教育，弘扬宪法精神，维护宪法法律权威。创新思想政治工作方式方法，充分运用职工喜欢和熟悉的时尚元素、话语体系，加快工会传统媒体与新媒体融合发展，提高思想引领水平，掌握工会意识形态工作主导权。加强职工文化建设，深化群众性精神文明创建活动，发挥工会报刊、出版社、职工书屋、职工文艺舞台等文化阵地作用，多提供思想精深、制作精良的文化产品，形成健康文明、昂扬向上的职工文化。

围绕高质量发展深化劳动和技能竞赛。把握稳中求进工作总基调，树立新发展理念，引导职工以国家重大战略、重大工程、重大项目、重点产业等为主攻方向，以“当好主人翁、建功新时代”为主题，广泛深入持久开展多种形式的劳动和技能竞赛。完善以企业岗位练兵和技术比武为基础、以国家和行业竞赛为主体、国内竞赛与国际竞赛相衔接的劳动和技能竞赛体系，丰富竞赛的领域、内涵、方式、机制，突出竞赛的时代特征、区域特色、行业特性和单位特点，积极探索在新产业新业态新组织中开展竞赛，提升职工参与率和受益度。深化创建“工人先锋号”活动，推进班组建设。深入开展技术革新、技术协作、发明创造、合理化建议、网上练兵和“小发明、小创造、小革新、小设计、小建议”等群众性经济技术创新活动，建设全国职工技术创新优秀成果网上展馆，开展职工创新成果评选、展示、交流活动。组织职工积极参与深化供给侧结构性改革，投身三大攻坚战，践行绿色生产生活方式，促进传统产业转型升级和先进制造业加快发展，为建设现代化经济体系、实现高质量发展、建设美丽中国贡献智慧和力量。

扎实推进产业工人队伍建设改革。围绕实施“中国制造2025”，总结推广一批经验做法，推动完善产业工人技能形成体系，改进技能评价方式，畅通产业工人发展通道。推动实施符合技术工人特点的分配制度和长效激励机制，促进多劳者多得、技高者多得，加快职工科技创新成果转化，提升产业工人的政治待遇、经济待遇、社会待遇。大规模开展职业技能培训，提升培训的针对性有效性。组织产业工人参与实施走出去战略和“一带一路”建设。积极履行工会牵头职责，加强统筹协调、分类指导、督促检查，压紧压实改革责任，推进政策衔接和落地。

营造劳动光荣的社会风尚和精益求精的敬业风气。加强劳模和工匠人才创新工作室创建，深化新时代工匠学院建设。创新劳模培养选树和管理服务工作，推动落实劳模政策，加强劳模教育培训，为劳模成长搭建平台、创造条件，做到政治上信任、工作上支持、生活上关心。持续开展学习宣传先进模范和大国工匠系列活动，广泛宣传劳模和大国工匠先进事迹，厚植工匠文化，大力弘扬劳模精神、劳动精神、工匠精神，让诚实劳动、勤勉工作蔚然成风。

（三）切实维护职工合法权益，推动构建和谐劳动关系。

维护职工合法权益是工会的天职。工会要赢得职工群众信赖和支持，必须高举维护职工合法权益的旗帜，扎扎实实解决好职工群众最困难最忧虑最急迫的实际问题，使改革发展成果更多更公平惠及职工群众。

维护职工劳动经济权益。加强源头参与，代表职工主动参与涉及职工利益的法律法规政策的制定修改。推动落实就业优先战略和更加积极的就业政策，深化工会就业创业服务，促进创业带动就业，推动实现更高质量和更充分就业。做好供给侧结构性改革中职工转岗安置等工作，帮助就业困难人员尽快实现稳定就业。督促落实劳动合同制度，推动劳动用工规范管理。以提质增效为重点深化集体协商工作，参与制定行业劳动定额，推动完善企业工资决定、正常增长和支付保障机制，推动健全工资指导线、企业薪酬调查和信息发布等制度，促进职工工资随经济效益和劳动生产率同步增长提高。推动落实职工带薪年休假等制度，建立健全工时协商机制。促进构建多层次社会保障体系，扩大覆盖面，提高保障水平，推动解决职工漏保、断保问题，加强职工医疗互助。健全完善工会农民工维权服务体系，推动落实农民工欠薪报告制度，推动解决拖欠农民工劳动报酬和社保转移接续等问题，逐步实现平等享受城镇基本公共服务。完善工会劳动保护监督机制，深化“安康杯”竞赛活动，深入开展安全生产、职业病防治工作。切实保护女职工合法权益和特殊利益。推动建立适应新业态的用工和社保制度，建立健全互联网平台用工等新就业形态劳动标准体系。

推动完善协调劳动关系制度机制。健全政府和工会联席会议制度，做实省、市、县三级地方及产业的协调劳动关系三方机制，并向乡镇（街道）、经济开发区、高新技术园区延伸。健全以职工代表大会为基本形式的企事业单位民主管理制度体系，进一步向非公有制企业拓展。深化“公开解难题、民主促发展”主题活动，推进厂务公开制度化、规范化，完善职工董事、职工监事制度，推进职工代表素质提升工程，提高企事业单位民主管理工作覆盖面和实效性。推动企事业单位构建内部利益矛盾自主调处机制，把职代会、集体协商、职工董事监事制度等融入企业法人治理结构。深化和谐劳动关系创建活动，充分发挥全国模范劳动关系和谐企业与工业园区的示范作用。深入开展“尊法守法·携手筑梦”服务农民工法治宣传和公益法律服务行动，引导职工依法理性有序表达诉求。推动完善劳动保障监察执法与工会监督联动工作格局，完善工会劳动法律监督“两书”制度，督促企业履行社会责任，引导职工增强守法诚信意识，推动国家诚信体系建设。

参与加强和创新社会治理。推动社会治理制度建设，发挥工会组织的协同作用。加强对劳动关系领域社会组织的政治引领、示范带动和联系服务，通过项目合作、购买服务等社会化、市场化方式，引导社会组织为职工提供专业化服务。加强劳动关系矛盾预防和化解机制建设，总结推广源头治理劳动纠纷经验，建立健全工会、法院、人社、司法联动机制，健全工会劳动关系发展态势监测和分析研判制度，推动建立在线解决机制。积极推动劳动争议处理工作，通过协商、调解、仲裁诉讼等方式依法调处劳动关系矛盾。增强政治敏锐性和政治鉴别力，加强劳动关系领域风险排查化解、应急处置，坚决防止敌对势力煽动渗透破坏，坚决维护职工队伍和工会组织的团结统一，坚决维护企业和社会大局和谐稳定。

（四）提高服务工作质量，更好满足职工群众美好生活需要。

竭诚服务职工群众是工会一切工作的出发点和落脚点。各级工会要坚持职工利益无小事的理念，顺应职工对美好生活的新期待，把工作重心放在广大职工身上，从大处着眼、小处着手，满腔热情做好服务职工工作。

健全服务职工体系。坚持职工需求导向，构建以精准帮扶为重点的工会服务职工体系，提升困难职工帮扶中心（职工服务中心）综合服务职工功能，做实各类职工维权帮扶、保障服务项目。推进“会、站、家”一体化建设，进一步做好工会户外劳动者服务站点建设工作，推行工会服务职工工作项目清单制度，推进“互联网+”工会普惠性服务。深化工会财务改革，构建工会经费普惠职工的保障机制。做优做强工会资产，进一步增强公益性、服务性，更好发挥工人疗休养院、工人文化宫、职工互助保障组织等服务职工的作用。

拓宽服务职工领域。鼓励支持向社会购买服务，确保规范操作、稳妥推进。推动完善职工福利制度，做好职工生活保障服务。加强工会志愿者队伍建设，广泛开展职工志愿服务活动。注重对职工的人文关怀和心理疏导，组织开展职工喜闻乐见的群众性文体活动，在做好物质服务、生活服务的同时提供更高水平的精神和文化服务，让工会在职工需要时能够看得见、找得到、信得过、靠得住，使所有工会组织都成为名副其实的“职工之家”，所有工会干部都成为职工群众信赖的“娘家人”、贴心人。

加强困难职工帮扶和脱贫攻坚工作。分类做好城市困难职工解困脱困工作，推进困难职工帮扶与政府救助、公益慈善力量有机结合，推动建立低保与扶贫有序衔接机制，实现帮扶送温暖常态化、经常化、日常化。把提高解困脱困工作质量放在首位，坚持扶贫同扶志、扶智相结合，让困难职工同步迈入全面小康社会。在打赢脱贫攻坚战中充分发挥工会作用，把工会工作资源手段向贫困地区特别是深度贫困地区倾斜，推进工会系统东西部扶贫协作工作，加强工会对口援疆援藏工作。

（五）深化工会改革创新，不断增强工会工作的动力活力。

改革创新是时代发展的最强音，也是工运事业蓬勃发展的不竭动力。各级工会要聚焦增强政治性、先进性、群众性，进一步优化工会的组织体制、运行机制、管理模式和工作方式，将工会改革进行到底。

上下联动、整体推进工会改革。着眼增强改革的系统性、整体性、协同性，搞好顶层设计，加强与中央和地方机构改革衔接协调，强化优化职能，聚焦主责主业，破解制约工会工作创新发展的制度性障碍，形成联系广泛、服务职工的工会工作体系。适应深化党和国家机构改革新情况，对产业工会设置进行相应调整，根据地方产业发展实际建立健全产业工会组织体系，推进工会事业单位体制机制改革。加强分类指导，把重点放在为下级工会提供更多更好的指导服务上，及时总结推广改革成功经验，推动工会改革顶层设计和基层探索良性互动、有机结合。注重用制度巩固改革成果，把经过实践证明有效的做法上升为制度机制。健全改革督查机制，强化跟踪问效，采取职工满意度测评、第三方评价等方式，完善改革效果评价机制，切实提高职工群众对工会改革的获得感、认可度。

积极建设智慧工会。强化互联网思维，运用大数据、云计算、物联网、人工智能等手段推进工会工作，促进互联网和工会工作融合发展，构建网上工作平台，打造工会工作升级版。推进实施《全国工会网上工作纲要（2017—2020 年）》，建设实名动态、全面覆盖、安全共享的工会大数据库，加强互联网内容和舆论阵地建设，充分利用移动客户端、微博、微信，结合“12351”职工服务热线，建立健全工会新媒体矩阵。强化“互联网+”工会顶层设计，加强通用平台建设，推进上下级工会组织间互联互通，逐步形成全总主导、地方跟进、产业参与、协同互动、线上线下有机结合的工会网上工作体系。

不断夯实基层基础。树立大抓基层的鲜明导向，坚持落实到基层、落实靠基层理念，把工作力量、经费使用等进一步向基层倾斜，实现依法建会、开门办会、从严治会、人才兴会。健全乡镇（街道）—村（社区）—企业小三级工会组织体系，做到哪里有职工群众、哪里就要有工会组织，哪里需要做群众工作、工会工作就跟进到哪里。加强县级和中心城市行业工会建设，推进新经济组织、新社会组织、开发区（工业园区）工会建设，加强工会女职工组织建设，提高建会质量。加强走出去企业、“一带一路”建设中海外企业工会工作。强化职工在建会中的主体地位，探索职工网上申请入会等方式，推动工会组织向新兴领域新兴群体延伸。推进基层工会组织和工会会员实名制管理，逐步实现工会组织和工作覆盖精准化。规范集团公司工会组织领导关系和管理体制，坚决制止、纠正随意撤并工会组织和机构、弱化工会地位和作用的行为。

（六）推进工会系统党的建设，为做好新时代工会工作提供坚强保证。

打铁必须自身硬。工会要履行好职责使命，必须首先把自身建设好。要认真贯彻新时代党的建设总要求，以党的政治建设为统领，带动工会自身建设全面推进。

从严从实加强工会系统党的建设。各级工会党组织要认真履行管党治党政治责任，全面加强工会系统党的政治建设、思想建设、组织建设、作风建设、纪律建设，把制度建设贯穿其中，提高工会系统党的建设质量。坚持党建带工建，以提升组织力为重点，突出政治功能，强化工会基层党组织建设。按照党中央统一部署，认真开展“不忘初心、牢记使命”主题教育。扎实推进工会系统党风廉政建设和反腐败工作，以政治巡视为重点，全面深入开展巡视工作，综合运用监督执纪“四种形态”，完善监督机制，聚焦问责追究，巩固落实中央八项规定精神成果。加大工会经费、资产监督管理力度，构建国家审计、工会经审、社会审计、职工会员监督相结合的经审监督体系。

深化工会干部队伍建设。贯彻落实《关于进一步激励广大干部新时代新担当新作为的意见》，完善工会干部培养、交流和使用制度，注重在基层一线和职工群众中培养工会干部，优化干部成长路径，打造专职为主、兼职挂职相结合的干部队伍。建立健全工会干部思想教育、激励保障和考核评价机制，关心爱护基层工会干部。加强工会积极分子队伍建设，扩大社会化工会工作者队伍，推动纳入国家社会工作专业人才队伍体系。建立工会干部系统化培训机制，以基层工会干部为重点大规模开展学习培训，深化“送教到基层”活动，提高培训质量，增强群众工作本领，培养一大批劳动经济、劳动法律、劳动关系、信息技术等方面专门人才，打造一支高素质专业化的工会干部队伍。

驰而不息抓好工会作风建设。大兴调查研究之风，把群众路线作为工会工作的生命线和根本工作路线，深入细致开展调查研究，扑下身子、沉到一线，深入企业、走进职工，力戒“四风”。健全完善基层联系点、与职工结对子同劳动、代表联络、提案办理、工作评价评议等常态化联系职工群众制度，面对面、心贴心、实打实做好职工群众工作。

加强工会港澳台工作和外事工作。充分发挥工会群众性特点，深化同港澳台工会和职工的交流合作，促进港澳长期繁荣稳定和祖国和平统一。高举“和平、发展、合作、工人权益”的旗帜，围绕国家总体外交战略和“一带一路”建设，加强工会和职工对外交流交往，讲好中国故事、中国工人阶级故事、中国工会故事，巩固和扩大我国工会在国际工运领域的话语权、影响力，为推动构建人类命运共同体作贡献。

各位代表、同志们，社会主义是干出来的，新时代也是干出来的。新时代赋予工人阶级新使命，新征程呼唤工会组织新作为。让我们更加紧密地团结在以习近平同志为核心的党中央周围，以习近平新时代中国特色社会主义思想为指导，坚定不移走中国特色社会主义工会发展道路，团结动员亿万职工凝心聚力、开拓进取，为决胜全面建成小康社会、夺取新时代中国特色社会主义伟大胜利、实现中华民族伟大复兴的中国梦而不懈奋斗！

名 词 解 释

职工书屋：是工会面向全国职工开展的一项重要文化工程，是《中华人民共和国公共文化服务保障法》规定的重要公共文化设施服务场所。职工书屋主要建在一线职工包括农民工生产生活相对集中的基层企事业单位、城市社区、工业园区和重点建设项目工地，为广大职工提供方便实用的读书场所和学习条件，满足职工群众的精神文化需求。自2008年以来，全国已建成职工书屋10万余家，并建成开通电子职工书屋阅读系统，成为工会工作的一项重要品牌。

"当好主人翁、建功新时代"主题劳动和技能竞赛：劳动和技能竞赛是工会组织开展的旨在激发职工主人翁精神、调动职工积极性、团结动员职工投身国家经济建设的一系列活动。根据竞赛内容不同，劳动和技能竞赛可划分为生产型竞赛、智能型竞赛、技能型竞赛三类。根据不同历史时期党和国家发展目标和工人阶级承担的历史使命，全国总工会组织开展了系列主题竞赛。2017年全总十六届七次执委会作出决议，号召广大职工以"当好主人翁、建功新时代"为主题，广泛深入持久开展各种形式的劳动和技能竞赛，作为激发新时代工人阶级的精气神、彰显新时代主人翁新作为的重要载体，赋予了劳动和技能竞赛新的时代内涵。

产业工人技能形成体系：是指建立和完善包括技能投资制度、技能供应制度、技能评价和资格认证制度、技能使用制度、社会合作制度等在内的保障产业工人技能形成的制度体系。2017年4月，中共中央、国务院印发的《新时期产业工人队伍建设改革方案》提出构建产业工人技能形成体系，旨在有效干预技能形成过程，形成有利于提高产业工人队伍技能水平的体制环境，为实施制造强国战略提供强大的技能支撑和人才保障。

“四个一批”：是指针对不同致困原因的城市困难职工群体采取不同的解困脱困措施开展分类帮扶。针对有劳动能力的困难职工，通过加强技能培训、提供创业援助等方式，以就业创业解困脱困一批；针对因企业欠缴社会保险费或没有落实相关社保待遇的困难职工，将其纳入国家社会保险制度覆盖一批；针对因病致困的职工，推动将其纳入大病保险和医疗互助保险保障一批；针对符合低保条件的困难职工，通过社会救助兜底一批。

马克思主义劳动学说：是指马克思主义关于劳动在人类的生产、人和人类社会的形成和发展中地位和作用的学说。“劳动创造了人本身”，这是马克思主义劳动学说的一条基本论断。

数字经济：是指一个经济系统，在这个系统中，数字技术被广泛使用并由此带来了整个经济环境和经济活动的根本变化。数字经济的本质在于信息化，包括信息技术的产业化、传统产业的信息化、基础设施的信息化、生活方式的信息化等内容。

共享经济：也被称作“分享经济”，是指利用网络信息技术，通过互联网平台，将分散资源进行优化配置，提高利用效率的新型经济形态。其主要特点是，以信息技术为基础的市场平台，所有权与使用权相对分离，供给侧与需求侧弹性匹配、动态实时对接。

“四德”建设：是指社会公德、职业道德、家庭美德、个人品德建设。

群众性经济技术创新活动：又称“职工技术创新活动”，是指工会组织职工群众开展的劳动和技能竞赛、合理化建议、技术革新、技术协作、发明创造等活动，旨在促进企业技术创新、服务改进、提质降耗、节能减排和加强管理，提高经济效益和工作效率。

劳模和工匠人才创新工作室：是指由具有较强技术能力、业务能力、创新能力、管理能力的劳模和工匠人才领衔，以技术创新、管理创新、服务创新、制度创新为主要内容，以解决工作现场难题、推动所在单位创新发展为目标的群众性创新活动团体。

新就业形态：是指伴随着互联网技术广泛应用、新业态蓬勃发展而出现的平台化、去雇主化的就业模式。2015 年 10 月 29 日党的十八届五中全会公报中首次提出了新就业形态这个概念。

工会劳动法律监督“两书”制度：是指工会劳动法律监督意见书和建议书制度。工会发现用人单位存在违反劳动法律法规规章、侵害职工合法权益行为时，应当依法督促其及时改正，必要时向其发出《工会劳动法律监督意见书》。用人单位未按工会意见改正违法行为的，工会可向同级劳动行政等相关部门发出《工会劳动法律监督建议书》，建议依法查处。

“会、站、家”一体化建设：是指以加强基层工会组织建设和制度建设为基础，把组建工会、建立职工服务中心（站点）、建设职工之家三位一体统一起来，依法规范工会基层组织建设，激发基层工会活力。

智慧工会：是指工会组织通过运用互联网、大数据、云计算、人工智能等先进信息技术构建的工会智能化服务职工体系，突出工会干部的主观能动性和工会工作的精神文化层面，为职工群众提供普惠性、便捷性、精准性、常态化服务，形成线上线下相互融合的工会工作新格局。

新经济组织、新社会组织：简称“两新”组织。新经济组织是指私营企业、外商投资企业、港澳台商投资企业、股份合作企业、民营科技企业、个体工商户、混合所有制经济组织等各类非国有集体独资的经济组织。新社会组织是指社会团体和民办非企业单位的统称。

新兴领域、新兴群体：新兴领域是指与新产业新业态新商业模式等相关的若干领域。新兴群体主要指利用互联网平台等就业的网约车司机、网约送餐员等群体。

社会化工会工作者：主要是指由县级以上地方总工会从社会公开招聘、工资由工会承担发放，定向选派到乡镇（街道）工会、县以下区域（行业性）基层工会联合会等，专职从事工会工作的人员。

在全总十七届一次执委会议上的讲话

（2018 年 10 月 25 日）

王 东 明

各位执委、同志们：

昨天上午，中国工会第十七次全国代表大会选举产生了新一届执行委员会。刚才，全总十七届一次执委会议选举产生了新一届全总领导班子。这里，我代表新一届全总领导班子，对同志们的信任支持表示衷心感谢，向各位当选新一届执委表示热烈祝贺！

党中央对工会十七大高度重视。习近平总书记和中央政治局常委同志出席了大会开幕式。大会以后，习近平总书记还将同全总新一届领导班子成员集体谈话，对我们如何履职尽责、做好工会工作提出要求。我们将及时召开主席团会议和党组、书记处会议，认真传达学习贯彻习近平总书记重要讲话精神。昨天下午，李克强总理为全体代表作了经济形势报告，内容丰富、深入浅出，对于我们准确把握当前经济社会发展形势，围绕中心、服务大局，坚定信心、凝聚力量，充分发挥工人阶级主力军作用，具有十分重要的指导意义。王沪宁同志在开幕式上代表党中央向大会的致词，充分肯定了我国工人阶级在党的领导下，为改革开放和社会主义现代化建设作出的重要贡献；高度评价了中国工会在推进中国特色社会主义伟大事业进程中取得的显著成绩；要求我国工人阶级增强历史使命感和责任感，坚守理想信念、彰显阶级本色，弘扬民族精神、引领社会风尚，激发劳动热情、凝聚奋斗伟力，矢志改革创新、勇立时代潮头，勤于学习实践、练就过硬本领，在决胜全面建成小康社会、夺取新时代中国特色社会主义伟大胜利的新征程中充分发挥主力军作用；要求各级工会组织围绕统筹推进“五位一体”总体布局和协调推进“四个全面”战略布局，始终坚定正确政治方向，牢牢把握工运时代主题，切实做好维权服务工作，不断深化工会改革创新，深入落实全面从严治党要求，不断开创新时代工会工作新局面。党中央致词意义重大、内涵丰富，充分体现了党中央对工人阶级和工会工作的高度重视、亲切关怀，为新时代工运事业和工会工作创新发展指明了方向。我们一定要牢记党中央重托，以永不懈怠的精神状态和一往无前的奋斗姿态，带领各级工会组织和广大工会干部奋力把新时代工运事业和工会工作推向前进，向党中央和亿万职工群众交上一份合格的答卷。

第一，要做信念坚定、对党忠诚的表率。工会组织既是群众组织，更是政治组织；工会工作做的是群众工作，实际上也是政治工作。中华全国总工会执行委员会是工会的最高领导机构，各位执委的政治素养、政治站位、政治能力，对工会组织保持和增强政治性至关重要。要站稳政治立场，增强“四个意识”、坚定“四个自信”，坚决维护习近平总书记党中央的核心、全党的核心地位，坚决维护党中央权威和集中统一领导，自觉在思想上政治上行动上同以习近平同志为核心的党中央保持高度一致，团结引导广大职工坚定不移听党话、跟党走。要加强理论武装，自觉用习近平新时代中国特色社会主义思想武装头脑，深刻把握贯穿其中的唯物论、辩证法、认识论、历史观等马克思主义立场、观点、方法，不断提高思想理论水平和辨别是非能力，增强认识世界、改造世界的能力。要把准政治方向，坚定走中国特色社会主义工会发展道路，自觉同党的基本理论、基本路线、基本方略对标对表，始终把党的领导作为工会工作的政治原则和根本保证，在党和国家工作大局下思考和谋划工会工作，结合实际创造性开展工作，不折不扣推动党中央大政方针、决策部署在工会系统落地生根、开花结果。

第二，要做履职尽责、干事创业的表率。工会十七大对未来五年的工作作出全面部署，明确了新时代工运事业的目标任务。现在关键是要振奋精神、鼓足干劲、埋头苦干，更好地把工会十七大确定的目标任务落到实处。要牢牢把握为实现中国梦而奋斗的时代主题，坚持全心全意依靠工人阶级方针，以“当好主人翁、建功新时代”为主题，广泛深入持久开展多种形式的劳动和技能竞赛，大力弘扬劳模精神、劳动精神、工匠精神，团结动员广大职工为推动经济高质量发展建功立业。要认真履行维护职工合法权益、竭诚服务职工群众的基本职责，把不断满足职工群众的美好生活需要作为工会的奋斗目标，坚持以职工为中心的工作导向，切实维护职工合法权益，着力提高工会服务工作质量，从大处着眼、小事做起，心系职工冷暖，注重解决职工在劳动经济、精神文化、民主法治、公平公正、安全环境等方面多样化需求，不断提升职工群众获得感、幸福感、安全感。要努力构建和谐劳动关系，及时研判劳动关系新动向、新特征、新问题，积极化解劳动关系矛盾，坚决维护职工队伍和工会组织的团结统一，坚决维护企业和社会大局和谐稳定，在参与社会治理创新中发挥工会组织应有作用。

第三，要做锐意进取、改革创新的表率。历史和实践充分证明，改革创新是工运事业和工会工作发展的不竭动力。站在新的起点上谋划未来，推动工会工作取得更大发展，要在已有成效基础上持续深化改革，不断增强工会工作的动力活力。要增强改革意识，牢记习近平总书记“改革永远在路上”的嘱托，准确把握工会工作面临的机遇挑战，科学研判形势，保持清醒头脑。要明确改革方向，牢牢把握党中央关于群团改革的部署要求，聚焦增强“三性”、去除“四化”，构建联系广泛、服务职工的工会工作体系，增强工会团结教育、维护权益、服务职工功能。要突出改革导向，坚持落实到基层、落实靠基层理念，把工作力量、经费使用等进一步向基层倾斜，不断夯实基层基础，把基层工会组织建设得更加充满活力、更加坚强有力。要注重改革方法，坚持协调推进工会改革和产业工人队伍建设改革，坚持改革顶层设计和基层探索良性互动、有机结合，认真总结基层、职工群众创造的鲜活经验，努力把握新时代工会工作特点规律，推动工会理论创新、实践创新、制度创新。

第四，要做勤于学习、学以致用的表率。完成工会十七大提出的目标任务，做好新时代职工群众工作，对广大工会干部的能力素质提出了新的更高要求。学习上的落后，是最大的落后，要自觉把学习作为一种责任、一种精神追求、一种生活方式，做到好学乐学善学。要深刻理解习近平总书记关于工人阶级和工会工作重要论述的精神实质、核心要义，坚持读原著、学原文、悟原理，不断增强运用科学理论指导工会工作的能力水平。要认真学习党和国家的各项方针政策，及时更新完善知识结构，掌握适应时代发展和工作需要的知识与本领，提高工会工作专业化水平。要发扬理论联系实际的马克思主义学风，做到干中学、学中干，学以致用、用以促学、学用相长。要干一行、爱一行、精一行，努力成为职工群众工作的行家里手。

第五，要做真抓实干、作风过硬的表率。一分部署、九分落实。如果不沉下心来抓落实，再好的目标，再好的蓝图，也只能是镜中花、水中月。要以时不我待、奋发有为的精神状态，发扬求真务实、真抓实干的良好作风，夙夜在公、昼夜兼程，真正把该担的担子担起来、把该负的责任负起来，以钉钉子精神抓好工会十七大精神的贯彻落实，确保党中央关于工人阶级和工会工作的决策部署落地落实。要自觉践行党的群众路线，健全完善联系职工群众的长效机制，大兴调查研究之风，深入细致开展调查研究，扑下身子、沉到一线，深入企业、走进职工，力戒“四风”。要面对面、心贴心、实打实做好职工群众工作。要严格要求自己，严格遵守政治纪律和政治规矩，认真落实中央八项规定及实施细则精神，带头尊法学法守法用法，慎始慎初、慎微慎独，做到心有所畏、言有所戒、行有所止。

以上五点，是全总新一届执委会加强自身建设的基本要求，也是我们作出的郑重承诺。各位执委要严格遵守、相互监督、说到做到，以令人信服的表率作用，树立和维护好新一届执委会良好形象。作为全总主席，我一定以身作则，带头从严要求自己，带头执行组织原则，带头维护全总领导班子团结，带头遵守各项纪律规定，带头履职尽责担当，请同志们监督我。

同志们，全总新一届执委会肩负着党中央的殷殷嘱托，承载着亿万职工的热切期盼，使命光荣、责任重大。让我们更加紧密地团结在以习近平同志为核心的党中央周围，坚持以习近平新时代中国特色社会主义思想为指导，勇于担当、主动作为，齐心协力、真抓实干，团结动员亿万职工群众为决胜全面建成小康社会、夺取新时代中国特色社会主义伟大胜利而不懈奋斗！

在全总十七届二次主席团会议上的讲话*

（2018 年 10 月 30 日）

王 东 明

各位主席团成员，同志们：

10 月 29 日上午，习近平总书记在中南海同全国总工会新一届领导班子成员进行集体谈话并发表重要讲话，对中国工会十七大成功召开、对全国总工会新一届领导班子表示热烈祝贺，向全国各族职工群众、劳动模范和工会工作者致以诚挚问候；充分肯定过去 5 年全国总工会和各级工会做了大量富有成效的工作，工会在党和国家工作大局中的作用进一步彰显；对推进新时代工运事业和工会工作提出新的更高要求。刚才，李玉赋同志传达了习近平总书记的重要讲话精神。下面，我就学习贯彻习近平总书记重要讲话精神，进一步做好工会工作，讲几点意见。

一、深入学习领会习近平总书记重要讲话的重大意义和精神实质

习近平总书记在百忙之中亲切接见全国总工会新一届领导班子成员并发表重要讲话，充分体现了总书记和党中央对广大职工和工会干部的关心重视，对工运事业和工会工作的坚强领导，对工会组织寄予的厚望。这是对全国广大工会干部的激励

---

* 汇编时有删节。

鞭策，也是对亿万职工群众的巨大鼓舞。习近平总书记的重要讲话，站在党和国家工作大局的战略高度，科学回答了工人阶级和工会工作一系列方向性、根本性、战略性问题，高屋建瓴、思想深邃，情真意切、语重心长，是指导新时代工运事业和工会工作的纲领性文献。

一是突出强调了坚持党对工会工作领导的根本原则。习近平总书记指出，工会要忠诚党的事业，通过扎实有效的工作把坚持党的领导和我国社会主义制度落实到广大职工群众中去。这些重要论述，进一步指出了工运事业始终是党的事业的重要组成部分，工会工作是党治国理政的一项经常性、基础性工作，深刻揭示了工会必须自觉接受党的领导的历史规律性、时代必然性，明确了工会工作的政治定位和工会组织的政治属性，为做好新时代工会工作提供了政治保证。

二是突出强调了团结动员亿万职工积极建功新时代的使命担当。习近平总书记指出，广大职工要牢牢把握为实现中国梦而奋斗的时代主题，把自身前途命运同国家和民族前途命运紧紧联系在一起，把个人梦同中国梦紧密联系在一起，把实现党和国家确立的发展目标变成自己的自觉行动，爱岗敬业、争创一流，以不懈奋斗书写新时代华章，共同创造幸福生活和美好未来。这些重要论述，丰富发展了党的工运理论，赋予了工人阶级崇高使命，为工会组织服务大局、发挥作用、彰显价值进一步明确了坐标定位。

三是突出强调了加强职工思想政治引领的重要任务。习近平总书记指出，引导职工群众听党话、跟党走，巩固党执政的阶级基础和群众基础，是工会组织的政治责任。这些重要论述，深刻分析了当前职工队伍面临的新情况新变化，指出了职工思想政治工作面临的新挑战新问题，强调了加强职工思想政治引领的极端重要性、现实紧迫性。

四是突出强调了履行维权服务的基本职责。习近平总书记饱含深厚的人民情怀，坚持以人民为中心的发展思想，指出工会要把群众观念牢牢根植于心中，哪里的职工合法权益受到侵害，哪里的工会就要站出来说话。这些重要论述，指出了工会组织的天职和工会工作的生命线，深刻阐明了工会组织代表谁、联系谁、服务谁这一根本性问题。

五是突出强调了深化工会改革创新的方向目标。习近平总书记高度重视工会改革创新，把全国总工会确定为中央群团机关改革试点单位，指导制定改革试点方案，强调工会改革是全面深化改革的重要组成部分，要求工会认真落实党中央关于深化群团改革的决策部署，构建联系广泛、服务职工的工会工作体系。这些重要论述，充分肯定了工会改革的成效，明确了深化工会改革的新要求新任务，指出了推进改革的切入点着力点落脚点，为做好新时代工会工作注入了强大的动力。

习近平总书记的重要讲话，深刻总结了我们党推进工运事业和工会工作的成功经验，集中阐述了党中央关于工人阶级和工会工作的大政方针，为我们进一步指明了前进方向、提供了根本遵循。这一重要讲话，蕴含着习近平总书记的深邃思考和殷切期望，把我们党对工运事业和工会工作的规律性认识提升到了一个新的高度，进一步丰富发展了习近平总书记关于工人阶级和工会工作的重要论述，必将在指导我国工运事业和工会工作中展示出强大的思想力量、巨大的引领作用、磅礴的实践伟力。各级工会组织和广大工会干部要深刻认识习近平总书记重要讲话的重大政治意义、深远历史意义、深刻理论意义、鲜明实践意义，把思想和行动统一到重要讲话精神上来，把习近平总书记的关怀厚爱和殷切期望转化为推动工会工作创新发展的强大动力。

二、扎实推动习近平总书记重要讲话精神落到实处

学习宣传贯彻习近平总书记重要讲话精神，是当前和今后一个时期各级工会的重大政治任务。要切实增强政治责任感和历史使命感，坚定政治方向、锐意改革创新、扎实履职尽责，把习近平总书记重要讲话精神不折不扣落到实处。

一要自觉接受党的领导，始终保持工会工作正确政治方向。我们要把加强理论武装作为管根本、保方向的基础工作、灵魂工程，进一步完善学习制度，深入开展习近平新时代中国特色社会主义思想的学习培训，切实在学懂弄通做实上下功夫，把学习成果转化为增强“四个意识”、坚定“四个自信”的政治自觉，转化为坚定理想信念、加强党性锻炼的思想自觉，转化为指导实践、推动工作的行动自觉。要自觉把工会置于党的领导之下，自觉服从服务党和国家工作大局，把工会工作放到大局中去思考、去把握、去推进，把执行党的意志的坚定性与为职工服务的实效性统一起来，把党的路线方针政策和决策部署贯彻落实到工会各项工作中去，把党的意志和主张落实到广大职工中去。要认真落实新时代党的建设总要求，以党的政治建设为统领，严守政治纪律和政治规矩，严肃党内政治生活，坚决维护习近平总书记党中央的核心、全党的核心地位，坚决维护党中央权威和集中统一领导，始终在思想上政治上行动上同以习近平同志为核心的党中央保持高度一致。

二要牢牢把握我国工人运动时代主题，团结动员亿万职工以主人翁姿态建功新时代。习近平总书记强调，完成党的十九大提出的目标任务，必须充分发挥工人阶级主力军作用。我们要紧紧围绕党的十九大提出的目标任务，把党和国家重大战略部署转化为工会工作的具体安排和实际行动，以“当好主人翁、

建功新时代”为主题，结合国家重大战略、重大工程、重大项目、重点产业等，突出时代特征、区域特色、行业特性和单位特点，广泛深入持久开展多种形式的劳动和技能竞赛，开展技术革新、技术协作、发明创造、合理化建议、网上练兵等群众性经济技术创新活动，充分调动亿万职工的积极性主动性创造性，为推动经济高质量发展、建设现代化经济体系作出更大贡献。要扎实推进产业工人队伍建设改革，认真履行牵头抓总、统筹协调职责，积极主动与相关部门搞好沟通协商、分类指导、督促检查，推动建设一支宏大的知识型、技能型、创新型产业工人大军。要在全社会大力弘扬劳模精神、劳动精神、工匠精神，宣传劳动模范、大国工匠的先进事迹，为劳动模范、大国工匠发挥作用搭建平台、提供舞台，为劳模工匠传承技能、传承精神创造条件，培养造就更多劳动模范、大国工匠，营造劳动光荣的社会风尚和精益求精的敬业风气，让诚实劳动、勤勉工作蔚然成风，引导广大职工以劳动和创造托起中国梦。

三要加强职工思想政治引领，巩固党执政的阶级基础和群众基础。习近平总书记强调，工会要适应新形势新任务，切实加强和改进职工思想政治工作，多做组织群众、宣传群众、教育群众、引导群众的工作，多做统一思想、凝聚人心、化解矛盾、增进感情、激发动力的工作。我们要鲜明把统一思想、凝聚力量作为工会思想政治工作的重要任务，创新思想政治工作方式方法，坚持以社会主义核心价值观引领职工，深化“中国梦·劳动美”主题教育，发挥工会院校、报刊、文化宫、职工书屋、互联网平台等宣传阵地作用，充分运用职工喜欢和熟悉的话语体系，打造健康文明、昂扬向上、全员参与的职工文化，掌握工会意识形态工作主导权。要强化网上工作力量，把网上工作作为工会联系职工、服务职工的重要平台，走好网上群众路线，在网上亮出工会旗帜、发出工会声音，做好正面引导，坚守舆论阵地，增强传播力、引导力、影响力。

四要切实加大维权服务力度，更好满足职工群众美好生活需要。习近平总书记强调，工会要坚持以职工为中心的工作导向，抓住职工群众最关心最直接最现实的利益问题，认真履行维护职工合法权益、竭诚服务职工群众的基本职责。我们要进一步把群众观念牢牢根植于心中，把职工群众对美好生活的向往作为奋斗目标，旗帜鲜明维护职工合法权益，满腔热情服务广大职工群众，不断增强广大职工获得感、幸福感、安全感。要从大处着眼、小处着手，从一点一滴做起，落到具体、日常工作中，不怕琐细、日积月累，深入细致做好服务职工工作。要加强快递员、送餐员、卡车司机等灵活就业群体和平台就业群体入会和服务工作，最大限度把农民工吸收到工会中来，使他们成为工人阶级坚定可靠的新生力量。要努力做好城市困难职工解困脱困工作，及时做好因各种原因返贫致困职工的帮扶救助，为广大职工提供具有工会特点的普惠性、常态性、精准性服务，把党和政府的关心关怀与工会组织的温暖送到广大职工群众心坎上，使各级工会组织都成为名副其实的职工之家，使所有工会干部都成为职工群众的娘家人、贴心人。要把维权工作纳入党委和政府主导的维护群众权益机制，主动参与有关立法和政策制定工作，积极支持参与全面深化改革特别是供给侧结构性改革，协助做好去产能过程中职工思想引导、转岗安置、再就业培训、劳动关系处置、社保接续等工作，切实维护职工合法权益。要坚持维权维稳相统一，把构建和谐劳动关系摆在突出位置、作为工作主线，推动完善政府、工会、企业共同参与的协商协调机制，积极化解劳动关系矛盾。要增强政治敏锐性，坚决防止敌对势力借机插手煽动、渗透破坏，坚决防止“独立工会”“民间工会”的出现，坚决维护职工队伍和工会组织的团结统一，坚决维护企业和社会大局和谐稳定，坚决捍卫中国共产党领导和我国社会主义制度。

五要以更大力度、更实举措深化工会改革创新，不断增强工会工作的动力活力。我们要按照党中央关于群团改革的部署要求，继续围绕保持和增强政治性、先进性、群众性主线，针对导致脱离职工群众的机构设置、管理模式、运行机制、工作方式方法等，持续用力深化改革。要在上下联动上下功夫，推动顶层设计和基层探索良性互动、有机结合，全总要把重点放在加强源头参与、推动政策配套、总结推广经验上来，为地方和基层提供更有针对性的指导服务；各地方、各产业工会要积极探索、大胆尝试，为工会改革提供更多创新举措和鲜活经验；要坚持落实到基层、落实靠基层理念，眼睛向下、面向基层，把力量和资源向基层倾斜投放，激活“神经末梢”，使基层工会真正建起来、转起来、活起来，更好地发挥“传动装置”和“杠杆”作用。要在提高工会干部队伍素质上下功夫，完善工会干部培养、交流、使用制度，建立健全工会干部思想教育、激励保障、考核评价机制，大力培养工会工作专门人才，促进工会干部在实践中锻炼成长，增强群众工作本领，打造一支高素质专业化的工会干部队伍。要在转变工作作风上下功夫，坚持从群众中来、到群众中去的工作方法，加强对工会干部的教育、管理、监督，完善联系职工群众的制度机制，深入基层一线，加强调查研究，坚决防止“四风”特别是形式主义、官僚主义，主动融入到广大职工群众火热的生产实践中去，围绕职工群众转、依靠职工群众干、成效由职工群众来评判，面对面心贴心实打实地做工作，切实把思想工作做细、把服务工作做实，始终同职工群众心心相印、情感交融。

三、认真抓好习近平总书记重要讲话精神的学习宣传和贯彻落实

要精心组织、周密部署，细化措施、狠抓落实，在广大工会干部和职工群众中迅速掀起学习宣传热潮，以实际行动推动习近平总书记重要讲话精神在工会系统形成生动实践。

一要认真传达学习。昨天下午，全总党组、书记处已经进行了传达学习，今天我们召开主席团会议进一步传达学习，全总很快还要下发学习宣传贯彻通知。下一步，各级工会要通过召开党组会、常委会、主席办公会、机关干部大会，开展专题学习会、辅导报告会等多种形式，及时传达学习贯彻习近平总书记重要讲话精神，深刻领会习近平总书记关于工人阶级和工会工作重要论述的重大意义、精神实质，统一思想、凝聚力量。要把学习贯彻习近平总书记重要讲话精神，与学习李克强总理经济形势报告、王沪宁同志代表党中央的致词结合起来，与学习贯彻工会十七大精神结合起来，力求学深学透、融会贯通。工会领导干部特别是在座的各位主席团成员，要发挥示范表率作用，先学一步、学深一层，做到真学真懂真信真用。广大工会干部要带着感情学、带着使命学，学思践悟、知行合一。各级工会要及时向党委汇报、政府通报工会学习宣传贯彻习近平总书记重要讲话精神的情况，主动争取党委和政府对工会工作的重视和支持。

二要开展学习培训。各级工会要把学习习近平总书记重要讲话精神作为学习培训的重要内容，放在最突出的位置，制定系统学习培训计划，举办专题研讨班，扎实细致做好学习工作。要把学习习近平总书记重要讲话精神作为各级工会院校教育培训的必修课，抓紧组织开展工会干部集中轮训。学习培训不能浅尝辄止、蜻蜓点水，要反复读原著、学原文、悟原理，学习

一定要学到“底”，不断增强运用科学理论指导工会工作的能力水平。

三要广泛宣传宣讲。充分发挥主流媒体和工会宣传舆论阵地的作用，运用好工会报刊、职工书屋、文化宫等多种阵地，加强网络宣传引导，开设专栏，广泛宣传习近平总书记关于工人阶级和工会工作的重要论述和集体谈话时发表的重要讲话精神，宣传以习近平同志为核心的党中央对工人阶级和工会工作的重视关怀，宣传工人阶级的突出贡献和工会工作取得的显著成就，推动习近平总书记重要讲话精神入脑入心入行，在广大职工和工会干部中形成浓厚的学习宣传氛围。

四要狠抓贯彻落实。学习贯彻习近平总书记重要讲话精神，决不能停留在口头上，更不能一阵风、走过场。要抓紧制定工作方案，与学习贯彻中国工会十七大提出的各项任务要求结合起来，明确责任分工，细化具体措施，一项一项抓，一件事一件事办，层层分解，落实到单位、落实到个人。要加强统筹协调，突出重点难点，按照“三严三实”的要求，以踏石留印、抓铁有痕的劲头做实做细做好各项工作。要加强督促检查，适时由全总领导同志带队赴基层开展学习宣传贯彻的督导检查，激励广大工会干部事不避难、勇于担当，积极作为、干事创业，确保党中央关于工人阶级和工会工作的大政方针和决策部署落地见效，努力完成工会十七大提出的目标任务。

同志们，新时代赋予工人阶级新使命，新征程召唤工会组织新作为，党中央对工会工作寄予厚望，职工群众充满期待，工会工作大有可为。让我们更加紧密地团结在以习近平同志为核心的党中央周围，坚持以习近平新时代中国特色社会主义思想为指导，凝心聚力、锐意进取、苦干实干，奋力谱写新时代工运事业和工会工作新篇章。

关于中华全国总工会第十六届执行委员会报告起草情况的说明

（2018 年 10 月 22 日）

李 玉 赋

各位代表，同志们：

我受中华全国总工会第十六届执行委员会的委托，向大会作关于中华全国总工会第十六届执行委员会报告（以下简称工会十七大报告）起草情况的说明。

一、关于报告起草的过程

中国工会第十七次全国代表大会，是深入贯彻落实党的十九大精神、推动新时代工会工作开创新局面的一次重要会议，是全国亿万职工群众和广大工会干部政治生活中的一件大事。作为工会十七大筹备工作的重点任务，起草出一个凝聚各级工会智慧、顺应干部职工期待的高质量报告，是大会胜利召开的重要环节。

党中央高度重视工会十七大报告起草工作。中共中央政治局常委、中央书记处书记王沪宁同志作出重要指示，对如何筹备好工会十七大特别是起草好工会十七大报告提出明确要求。9月 7 日，王沪宁同志主持召开中央书记处办公会议，专门听取全总党组关于工会十七大筹备工作情况的汇报，对工会十七大报告予以充分肯定，并提出修改意见。王东明同志多次指示，要在党中央领导下，精心做好各项筹备工作，重点起草好大会报告，修改好《中国工会章程》，做好代表选举工作。全总党组、书记处把起草好工会十七大报告作为重要政治任务来抓，组织力量开展起草工作。

（一）加强组织领导。成立了由全总领导同志任组长，办公厅、研究室相关人员组成的报告起草小组，根据《中国工会第十七次全国代表大会筹备工作方案》，制定起草工作方案，有序推进起草工作。

（二）强化理论学习。认真学习领会习近平新时代中国特色社会主义思想和党的十九大精神，学习习近平总书记关于工人阶级和工会工作的重要论述特别是给中国劳动关系学院劳模本科班学员的回信精神，统一思想认识，提高政治站位，努力奠定理论基础。

（三）开展调研论证。3月，先后召开了由各全国产业工会，中直工会、国直工会，全总机关各部门、各直属单位负责同志参加的3个座谈会，及全国工会研究室主任会议，分赴10个省（市）开展实地调研，围绕如何起草好报告广泛征求意见。2月至6月，全总工会理论研究会（中国特色社会主义工会发展道路研究会）围绕筹备召开工会十七大，设置5项专项委托课题进行招标研究。4月至6月，在全总机关离退休老同志中开展“建言中国工会十七大”主题征文活动。在充分吸纳各方意见基础上，形成了工会十七大报告初稿。

（四）广泛征求意见。4月中旬至7月底，王东明同志带头，全总领导等分别带队赴12个省（区、市）开展调研，征求各级工会干部和职工群众对报告的意见建议。在京召开4个座谈会和1个研讨会，征求地方工会、产业工会、全总机关各单位及部分全总老领导的意见建议。6月22日，全总党组、书记处会议研究讨论了报告。6月27日，王东明同志在全总集中调研督查情况汇报会上对修改报告进一步提出要求。8月上旬，书面征求了中央纪委国家监委机关、中央组织部、中央宣传部、中央政策研究室等13个中央和国家机关部委的意见。

8月20日，全总党组将报告上报中央办公厅。根据9月7日中央书记处办公会议精神，对报告进行了修改。9月17日，全总党组、书记处会议研究修改了报告。9月19日—20日，全总十六届十八次主席团会议和十六届九次执委会议对报告进行了讨论修改，原则通过了报告（审议稿），决定提交工会十七大审议。会后报王沪宁同志审阅。根据王沪宁同志的意见，对工会十七大报告再次进行修改后，上报中共中央审定，形成提交本次大会的报告。

二、关于起草报告的基本考虑

在工会十七大报告起草中，着重把握4个方面的要求。

（一）坚持政治方向。以习近平新时代中国特色社会主义思想和党的十九大精神为指导，贯彻落实全心全意依靠工人阶级方针，突出保持和增强工会工作和工会组织的政治性、先进性、群众性这一主线，努力使报告体现中央精神，符合政治报告的要求。

（二）突出问题导向。围绕党和国家工作大局及工会工作全局，聚焦职工群众最关心最直接最现实的利益问题，力求针对时代课题，回应职工群众期待，解决工会工作难题。

（三）体现改革取向。贯彻落实中央关于深化党和国家机构改革的重要部署，结合工会实际，突出工会改革与中央和地方党政机构改革衔接协调，突出工人阶级支持、参与、推动改革的积极性主动性创造性，努力使报告贯穿改革精神，体现前瞻性、探索性。

（四）汇集各方智慧。坚持群众路线，发扬民主、集思广益，广泛开展实地调研、组织研讨论证，充分凝聚各级工会干部、职工群众、有关部委和专家学者的智慧，努力使报告形成过程变成统一思想、凝聚共识的过程，体现代表性、广泛性和民主性。

三、关于报告主要框架和内容

报告由回顾总结、理论阐述、主要任务等三部分组成，按照成绩总结求实、理论概括求高、工作部署求新的要求来把握。全文1.5万字左右。

（一）报告第一部分回顾过去五年工会工作取得的重要成就。从6个方面阐述工会十六大以来五年工运事业与工会工作的进展成效，即切实加强对职工的思想政治引领，党执政的阶级基础和群众基础更加巩固；大力弘扬劳模精神、劳动精神、工匠精神，工人阶级在实现中国梦中的主力军作用充分发挥；扎实推进产业工人队伍建设改革，工人阶级先进性不断增强；深入开展维权服务工作，职工群众获得感、幸福感、安全感明显提升；持续深化工会改革创新，工会组织吸引力凝聚力战斗力显著增强；全面加强工会系统党的建设，风清气正的政治生态进一步形成等。同时分析了工会工作存在的问题和不足。

（二）报告第二部分提出要深入学习贯彻习近平新时代中国特色社会主义思想，坚定不移走中国特色社会主义工会发展道路。报告指出，习近平新时代中国特色社会主义思想，是全党全国各族人民为实现中华民族伟大复兴而奋斗的行动指南，为新时代工运事业和工会工作创新发展提供了根本遵循。习近平总书记围绕工人阶级和工会工作发表的重要讲话、作出的重要指示，形成了习近平总书记关于工人阶级和工会工作的重要论述，为新时代工人阶级和工会工作指明了前进方向。报告用“八个坚持”概括了习近平总书记关于工人阶级和工会工作的重要论述的精神实质，提出其关键是坚持党的领导，根本是增强政治性、先进性、群众性，重点是维护职工权益、服务职工群众，以“四个立足”分析了习近平总书记关于工人阶级和工会工作的重要论述的实践要求。

（三）报告第三部分提出今后五年工会工作的主要任务。今后五年工会工作的主要任务是：全面贯彻党的十九大精神，以习近平新时代中国特色社会主义思想为指导，深入学习贯彻习近平总书记关于工人阶级和工会工作的重要论述，坚持走中国特色社会主义工会发展道路，坚定政治方向，凝聚奋进力量；着力推进产业工人队伍建设改革取得新进展，充分激发职工劳动热情和创造活力；着力提高工会维权服务工作质量，切实提升职工群众获得感、幸福感、安全感；着力深化工会改革创新，全面增强政治性、先进性、群众性；着力提高工会系统党的建设质量，把工会组织建设得更加充满活力、更加坚强有力。围绕这些主要任务，提出了6个方面工作，即始终坚持正确政治方向，推动习近平新时代中国特色社会主义思想在工会系统形成生动实践；牢牢把握我国工人运动时代主题，团结动员广大职工以主人翁姿态建功新时代；推动构建和谐劳动关系，切实维护职工合法权益；提高服务工作质量，更好满足职工群众美好生活需要；深化工会改革创新，不断增强工会工作的动力活力；推进工会系统党的建设，为做好新时代工会工作提供坚强保证等。

中国工会第十七次全国代表大会闭幕词

（2018 年 10 月 26 日）

李 玉 赋

各位代表，同志们：

现在我受王东明主席委托，致大会闭幕词。

在以习近平同志为核心的党中央亲切关怀和坚强领导下，在与会全体代表的共同努力下，中国工会第十七次全国代表大会圆满完成了各项议程，即将胜利闭幕。这次大会，是在我国进入全面建成小康社会决胜阶段、中国特色社会主义进入新时代召开的一次重要会议，意义重大而深远。大会以习近平新时代中国特色社会主义思想为指导，全面贯彻党的十九大精神，坚持中国特色社会主义工会发展道路，审议并通过了全总十六届执委会报告、《中国工会章程（修正案）》、财务工作报告、经审工作报告，选举产生了中华全国总工会新一届领导机构，是一次团结、务实、鼓劲、奋进的大会。大会的胜利召开，必将激励全国亿万职工和工会干部，以昂扬向上的精神状态和一往无前的奋斗姿态，投身新时代中国特色社会主义建设的伟大实践，在全面建成小康社会、实现中华民族伟大复兴中国梦的历史进程中谱写工运事业和工会工作新篇章！

党中央高度重视这次大会。习近平总书记等党和国家领导人出席了大会开幕式，王沪宁同志代表党中央向大会作了致词。李克强总理为全体代表作了经济形势报告。会后，习近平总书记还将与全总新一届领导班子成员集体谈话，并发表重要讲话。党中央高度评价我国工人阶级在改革开放和社会主义现代化建设中发挥的重要作用和作出的突出贡献，绽放出夺目的时代风采，充分肯定各级工会组织围绕中心、服务大局，忠诚履职、积极作为，各项工作取得了重要进展和成就，并对工人阶级和工会组织在新时代新征程中更好发挥作用提出了新的更高要求，充分体现了对工人阶级的亲切关怀，对工会组织的殷切期望，为我们进一步指明了前进方向。我们为此深受教育鼓舞、倍感振奋激励，一定要认真学习领会，坚决贯彻落实到工会各项工作中去。

王东明主席代表全总十六届执委会在大会上作的报告，全面贯彻习近平新时代中国特色社会主义思想和党的十九大精神，回顾总结了过去五年工会工作的重要成就，系统论述了深入学习贯彻习近平新时代中国特色社会主义思想、坚定不移走中国特色社会主义工会发展道路的重大课题，概括阐述了习近平总书记关于工人阶级和工会工作的重要论述的深刻内涵和实践要求，提出了今后五年工会工作的主要任务，是一份体现中央精神、反映职工意愿、凝聚工会智慧，指导新时代工会工作沿着正确方向不断创新发展的重要文献。

过去五年，在以习近平同志为核心的党中央坚强领导下，中华全国总工会第十六届执行委员会和各级工会组织凝心聚力、砥砺奋进，各项工作取得积极进展和显著成效。这些成绩的取得，凝聚着广大工会干部的拼搏奉献和辛勤汗水。这次大会后，有些同志由于工作变动或年龄等原因，不再担任全总第十七届执行委员会委员和经费审查委员会委员。他们在任职期间尽心尽力、尽职尽责，勤勤恳恳、兢兢业业，为党的工运事业和工会工作作出了重要贡献。

在这里，我谨以本次大会的名义，向中华全国总工会第十六届领导班子成员、执委会委员、经审委员和各级工会干部表示诚挚的谢意，向全国总工会的老领导、老同志，向所有关心支持工会工作的各级党政领导和各界朋友致以崇高的敬意！这次大会选举产生了中华全国总工会新一届执行委员会和主席团，这是全体代表和全国广大职工对我们的信任和重托。我谨代表十七届执委会全体成员，对全体代表表示衷心的感谢！

各位代表！

中华全国总工会第十七届执行委员会任期的五年，是决胜全面建成小康社会、开启全面建设社会主义现代化国家新征程的关键时期。党中央对我们寄予厚望，职工群众对我们充满期待。面对新时代新形势新任务，我们深感责任重大、使命光荣。下面，讲五点意见。

一是要始终坚持自觉接受党的领导的正确政治方向。深入学习贯彻习近平新时代中国特色社会主义思想和党的十九大精神，特别是习近平总书记关于工人阶级和工会工作的重要论述，牢固树立“四个意识”，切实增强“四个自信”，坚决维护习近平总书记党中央的核心、全党的核心地位，坚决维护党中央权威和集中统一领导，始终在政治立场、政治方向、政治原则、政治道路上同以习近平同志为核心的党中央保持高度一致。

二是要勇于承担团结引导职工群众听党话、跟党走的政治责任。加强对职工的思想政治引领，引导广大职工践行社会主义核心价值观，增强对党的基本理论、基本路线、基本方略的政治认同、思想认同、情感认同，更加紧密地团结在以习近平同志为核心的党中央周围，坚定不移听党话，矢志不渝跟党走。

三是要牢牢把握为实现中华民族伟大复兴的中国梦而奋斗的工人运动时代主题。围绕国家重大战略、重大工程、重大项目、重点产业，不断深化“中国梦·劳动美”主题教育，广泛深入持久开展“当好主人翁、建功新时代”主题劳动和技能竞赛，引导广大职工为实现党的十九大确定的目标任务建功立业。

四是要认真履行维护职工合法权益、竭诚服务职工群众的基本职责。顺应职工群众对美好生活的向往，积极参与和支持全面深化改革特别是供给侧结构性改革，做好去产能过程中职工权益维护工作，推动构建和谐劳动关系；健全工会服务职工体系，做实服务职工工作，把党和政府的关怀与工会的温暖送到广大职工心坎上，成为职工信得过、靠得住、离不开的知心人、贴心人、“娘家人”。

五是要始终保持改革创新、不断进取的精神状态。围绕增强政治性、先进性、群众性这条主线，深化工会改革创新，构建联系广泛、服务职工的工会工作体系，把工会组织建设得更加充满活力、更加坚强有力；不断推进产业工人队伍建设改革，造就一支宏大的高素质的产业工人队伍；深入落实全面从严治党要求，以党的政治建设为统领，切实抓好工会系统党的建设，打造高素质专业化的工会干部队伍，激励广大工会干部以新担当新作为创造属于新时代的新业绩。

大会闭幕后，代表们将回到各自的工作岗位上，希望各位代表和各级工会组织，及时向党委和政府汇报大会精神，迅速在各级工会干部和广大职工中掀起学习宣传贯彻大会精神的热潮，特别是要传达好、学习好、宣传好、贯彻好习近平总书记在同全总新一届领导班子成员集体谈话时的重要讲话精神、王沪宁同志代表党中央在工会十七大上的致词精神，传达贯彻好王东明主席在大会上的报告和在全总十七届一次执委会上的讲话精神。要把贯彻落实工会十七大精神与深入贯彻落实习近平新时代中国特色社会主义思想和党的十九大精神紧密结合起来，与贯彻落实习近平总书记关于工人阶级和工会工作的重要论述紧密结合起来，进一步把思想和认识统一到党中央的决策部署和对工会工作的重要指示上来，把智慧和力量凝聚到贯彻落实这次大会确定的目标任务上来。要紧密结合本地区、本产业、本部门、本单位实际，积极主动、创造性地落实好大会提出的各项任务，努力开创新时代工会工作新局面。

各位代表、同志们，新时代开启新征程，新时代期待新气象。让我们更加紧密地团结在以习近平同志为核心的党中央周围，高举中国特色社会主义伟大旗帜，以习近平新时代中国特色社会主义思想为指导，坚定不移走中国特色社会主义工会发展道路，团结动员亿万职工为决胜全面建成小康社会、夺取新时代中国特色社会主义伟大胜利、实现中华民族伟大复兴的中国梦再创佳绩、再立新功！

中国工会章程

（中国工会第十七次全国代表大会
部分修改，2018年10月26日通过）

总　则

中国工会是中国共产党领导的职工自愿结合的工人阶级群众组织，是党联系职工群众的桥梁和纽带，是国家政权的重要社会支柱，是会员和职工利益的代表。

中国工会以宪法为根本活动准则，按照《中华人民共和国工会法》和本章程独立自主地开展工作，依法行使权利和履行义务。

工人阶级是我国的领导阶级，是先进生产力和生产关系的代表，是中国共产党最坚实最可靠的阶级基础，是改革开放和社会主义现代化建设的主力军，是维护社会安定的强大而集中的社会力量。中国工会高举中国特色社会主义伟大旗帜，以马克思列宁主义、毛泽东思想、邓小平理论、“三个代表”重要思想、科学发展观、习近平新时代中国特色社会主义思想为指导，贯彻执行党的以经济建设为中心，坚持四项基本原则，坚持改革开放的基本路线，保持和增强政治性、先进性、群众性，坚定不移地走中国特色社会主义工会发展道路，推动党的全心全意依靠工人阶级的根本指导方针的贯彻落实，全面履行工会的社会职能，在维护全国人民总体利益的同时，更好地表达和维护职工的具体利益，团结和动员全国职工自力更生、艰苦创业，坚持和发展中国特色社会主义，为全面建成小康社会、把我国建设成为富强民主文明和谐美丽的社会主义现代化强国、实现中华民族伟大复兴的中国梦而奋斗。

中国工会坚持自觉接受中国共产党的领导，承担团结引导职工群众听党话、跟党走的政治责任，巩固和扩大党执政的阶级基础和群众基础。

中国工会的基本职责是维护职工合法权益、竭诚服务职工群众。

中国工会按照中国特色社会主义事业“五位一体”总体布局和“四个全面”战略布局，贯彻创新、协调、绿色、开放、共享的发展理念，把握为实现中华民族伟大复兴的中国梦而奋斗的工人运动时代主题，弘扬劳模精神、劳动精神、工匠精神，动员和组织职工积极参加建设和改革，努力促进经济、政治、文化、社会和生态文明建设；代表和组织职工参与国家和社会事务管理，参与企业、事业单位和机关的民主管理；教育职工践行社会主义核心价值观，不断提高思想道德素质、科学文化素质和技术技能素质，推进产业工人队伍建设改革，建设有理想、有道德、有文化、有纪律的职工队伍，不断发展工人阶级先进性。

中国工会以忠诚党的事业、竭诚服务职工为己任，坚持组织起来、切实维权的工作方针，坚持以职工为本、主动依法科学维权的维权观，促进完善社会主义劳动法律，维护职工的经济、政治、文化和社会权利，参与协调劳动关系和社会利益关系，推动构建和谐劳动关系，促进经济高质量发展和社会的长期稳定，维护工人阶级和工会组织的团结统一，为构建社会主义和谐社会作贡献。

中国工会维护工人阶级领导的、以工农联盟为基础的人民民主专政的社会主义国家政权，协助人民政府开展工作，依法发挥民主参与和社会监督作用。

中国工会在企业、事业单位中，按照促进企事业发展、维护职工权益的原则，支持行政依法行使管理权力，组织职工参加民主管理和民主监督，与行政方面建立协商制度，保障职工的合法权益，调动职工的积极性，促进企业、事业的发展。

中国工会实行产业和地方相结合的组织领导原则，坚持民主集中制。

中国工会坚持以改革创新精神加强自身建设，构建联系广泛、服务职工的工作体系，增强团结教育、维护权益、服务职工的功能，坚持群众化、民主化，保持同会员群众的密切联系，依靠会员群众开展工会工作。各级工会领导机关坚持把工作重点放到基层，着力扩大覆盖面、增强代表性，着力强化服务意识、提高维权能力，着力加强队伍建设、提升保障水平，坚持服务职工群众的工作生命线，全心全意为基层、为职工服务，构建智慧工会，增强基层工会的吸引力凝聚力战斗力，把工会组织建设得更加充满活力、更加坚强有力，成为深受职工群众信赖的学习型、服务型、创新型“职工之家”。

工会兴办的企业、事业，坚持公益性、服务性，坚持为改革开放和发展社会生产力服务，为职工群众服务，为推进工运事业服务。

中国工会努力巩固和发展工农联盟，坚持最广泛的爱国统一战线，加强包括香港特别行政区同胞、澳门特别行政区同胞、台湾同胞和海外侨胞在内的全国各族人民的大团结，促进祖国的统一、繁荣和富强。

中国工会在国际事务中坚持独立自主、互相尊重、求同存异、加强合作、增进友谊的方针，在独立、平等、互相尊重、互不干涉内部事务的原则基础上，广泛建立和发展同国际和各国工会组织的友好关系，积极参与“一带一路”建设，增进我国工人阶级同各国工人阶级的友谊，同全世界工人和工会一起，在推动构建人类命运共同体中发挥作用，为世界的和平、发展、合作、工人权益和社会进步而共同努力。

中国工会落实新时代党的建设总要求，以党的政治建设为统领，全面加强党的建设，增强政治意识、大局意识、核心意识、看齐意识，坚定道路自信、理论自信、制度自信、文化自信，坚决维护习近平总书记党中央的核心、全党的核心地位，坚决维护党中央权威和集中统一领导，在思想上政治上行动上同以习近平同志为核心的党中央保持高度一致。

第一章　会　员

第一条　凡在中国境内的企业、事业单位、机关和其他社会组织中，以工资收入为主要生活来源或者与用人单位建立劳动关系的体力劳动者和脑力劳动者，不分民族、种族、性别、职业、宗教信仰、教育程度，承认工会章程，都可以加入工会为会员。

第二条　职工加入工会，由本人自愿申请，经工会基层委员会批准并发给会员证。

第三条　会员享有以下权利：

（一）选举权、被选举权和表决权。

（二）对工会工作进行监督，提出意见和建议，要求撤换或者罢免不称职的工会工作人员。

（三）对国家和社会生活问题及本单位工作提出批评与建

议，要求工会组织向有关方面如实反映。

（四）在合法权益受到侵犯时，要求工会给予保护。

（五）工会提供的文化、教育、体育、旅游、疗休养、互助保障、生活救助、法律服务、就业服务等优惠待遇；工会给予的各种奖励。

（六）在工会会议和工会媒体上，参加关于工会工作和职工关心问题的讨论。

第四条 会员履行下列义务：

（一）认真学习贯彻习近平新时代中国特色社会主义思想，学习政治、经济、文化、法律、科学、技术和工会基本知识等。

（二）积极参加民主管理，努力完成生产和工作任务，立足本职岗位建功立业。

（三）遵守宪法和法律，践行社会主义核心价值观，弘扬中华民族传统美德，恪守社会公德、职业道德、家庭美德、个人品德，遵守劳动纪律。

（四）正确处理国家、集体、个人三者利益关系，向危害国家、社会利益的行为作斗争。

（五）维护中国工人阶级和工会组织的团结统一，发扬阶级友爱，搞好互助互济。

（六）遵守工会章程，执行工会决议，参加工会活动，按月交纳会费。

第五条 会员组织关系随劳动（工作）关系变动，凭会员证明接转。

第六条 会员有退会自由。会员退会由本人向工会小组提出，由工会基层委员会宣布其退会并收回会员证。

会员没有正当理由连续六个月不交纳会费、不参加工会组织生活，经教育拒不改正，应当视为自动退会。

第七条 对不执行工会决议、违反工会章程的会员，给予批评教育。对严重违法犯罪并受到刑事处分的会员，开除会籍。开除会员会籍，须经工会小组讨论，提出意见，由工会基层委员会决定，报上一级工会备案。

第八条 会员离休、退休和失业，可保留会籍。保留会籍期间免交会费。

工会组织要关心离休、退休和失业会员的生活，积极向有关方面反映他们的愿望和要求。

第二章　组织制度

第九条 中国工会实行民主集中制，主要内容是：

（一）个人服从组织，少数服从多数，下级组织服从上级组织。

（二）工会的各级领导机关，除它们派出的代表机关外，都由民主选举产生。

（三）工会的最高领导机关，是工会的全国代表大会和它所产生的中华全国总工会执行委员会。工会的地方各级领导机关，是工会的地方各级代表大会和它所产生的总工会委员会。

（四）工会各级委员会，向同级会员大会或者会员代表大会负责并报告工作，接受会员监督。会员大会和会员代表大会有权撤换或者罢免其所选举的代表和工会委员会组成人员。

（五）工会各级委员会，实行集体领导和分工负责相结合的制度。凡属重大问题由委员会民主讨论，作出决定，委员会成员根据集体的决定和分工，履行自己的职责。

（六）工会各级领导机关，加强对下级组织的领导和服务，经常向下级组织通报情况，听取下级组织和会员的意见，研究和解决他们提出的问题。下级组织应及时向上级组织请示报告工作。

第十条 工会各级代表大会的代表和委员会的产生，要充分体现选举人的意志。候选人名单，要反复酝酿，充分讨论。选举采用无记名投票方式，可以直接采用候选人数多于应选人数的差额选举办法进行正式选举，也可以先采用差额选举办法进行预选，产生候选人名单，然后进行正式选举。任何组织和个人，不得以任何方式强迫选举人选举或不选举某个人。

第十一条 中国工会实行产业和地方相结合的组织领导原则。同一企业、事业单位、机关和其他社会组织中的会员，组织在一个工会基层组织中；同一行业或者性质相近的几个行业，根据需要建立全国的或者地方的产业工会组织。除少数行政管理体制实行垂直管理的产业，其产业工会实行产业工会和地方工会双重领导，以产业工会领导为主外，其他产业工会均实行以地方工会领导为主，同时接受上级产业工会领导的体制。各产业工会的领导体制，由中华全国总工会确定。

省、自治区、直辖市，设区的市和自治州，县（旗）、自治县、不设区的市建立地方总工会。地方总工会是当地地方工会组织和产业工会地方组织的领导机关。全国建立统一的中华全国总工会。中华全国总工会是各级地方总工会和各产业工会全国组织的领导机关。

中华全国总工会执行委员会委员和产业工会全国委员会委员实行替补制，各级地方总工会委员会委员和地方产业工会委员会委员，也可以实行替补制。

第十二条 县和县以上各级地方总工会委员会，根据工作需要可以派出代表机关。

县和县以上各级工会委员会，在两次代表大会之间，认为有必要时，可以召集代表会议，讨论和决定需要及时解决的重大问题。代表会议代表的名额和产生办法，由召集代表会议的总工会决定。

全国产业工会、各级地方产业工会、乡镇工会和城市街道工会的委员会，可以按照联合制、代表制原则，由下一级工会组织民主选举的主要负责人和适当比例的有关方面代表组成。

上级工会可以派员帮助和指导用人单位的职工组建工会。

第十三条 各级工会代表大会选举产生同级经费审查委员会。中华全国总工会经费审查委员会设常务委员会，省、自治区、直辖市总工会经费审查委员会和独立管理经费的全国产业工会经费审查委员会，应当设常务委员会。经费审查委员会负责审查同级工会组织及其直属企业、事业单位的经费收支和资产管理情况，监督财经法纪的贯彻执行和工会经费的使用，并接受上级工会经费审查委员会的指导和监督。工会经费审查委员会向同级会员大会或会员代表大会负责并报告工作；在大会闭会期间，向同级工会委员会负责并报告工作。

上级经费审查委员会应当对下一级工会及其直属企业、事业单位的经费收支和资产管理情况进行审查。

中华全国总工会经费审查委员会委员实行替补制，各级地方总工会经费审查委员会委员和独立管理经费的产业工会经费审查委员会委员，也可以实行替补制。

第十四条 各级工会建立女职工委员会，表达和维护女职工的合法权益。女职工委员会由同级工会委员会提名，在充分协商的基础上组成或者选举产生，女职工委员会与工会委员会同时建立，在同级工会委员会领导下开展工作。企业工会女职工委员会是县或者县以上妇联的团体会员，通过县以上地方工会接受妇联的业务指导。

第十五条 县和县以上各级工会组织应当建立法律服务机构，为保护职工和工会组织的合法权益提供服务。

各级工会组织应当组织和代表职工开展劳动法律监督。

第十六条 成立或者撤销工会组织，必须经会员大会或者会员代表大会通过，并报上一级工会批准。工会基层组织所在的企业终止，或者所在的事业单位、机关和其他社会组织被撤销，该工会组织相应撤销，并报上级工会备案。其他组织和个人不得随意撤销工会组织，也不得把工会组织的机构撤销、合并或者归属其他工作部门。

第三章 全国组织

第十七条 中国工会全国代表大会，每五年举行一次，由中华全国总工会执行委员会召集。在特殊情况下，由中华全国总工会执行委员会主席团提议，经执行委员会全体会议通过，可以提前或者延期举行。代表名额和代表选举办法由中华全国总工会决定。

第十八条 中国工会全国代表大会的职权是：

（一）审议和批准中华全国总工会执行委员会的工作报告。

（二）审议和批准中华全国总工会执行委员会的经费收支情况报告和经费审查委员会的工作报告。

（三）修改中国工会章程。

（四）选举中华全国总工会执行委员会和经费审查委员会。

第十九条 中华全国总工会执行委员会，在全国代表大会闭会期间，负责贯彻执行全国代表大会的决议，领导全国工会工作。

执行委员会全体会议选举主席一人、副主席若干人、主席团委员若干人，组成主席团。

执行委员会全体会议由主席团召集，每年至少举行一次。

第二十条 中华全国总工会执行委员会全体会议闭会期间，由主席团行使执行委员会的职权。主席团全体会议，由主席召集。

主席团闭会期间，由主席、副主席组成的主席会议行使主席团职权。主席会议由中华全国总工会主席召集并主持。

主席团下设书记处，由主席团在主席团成员中推选第一书记一人，书记若干人组成。书记处在主席团领导下，主持中华全国总工会的日常工作。

第二十一条 产业工会全国组织的设置，由中华全国总工会根据需要确定。

产业工会全国委员会的建立，经中华全国总工会批准，可以按照联合制、代表制原则组成，也可以由产业工会全国代表大会选举产生。全国委员会每届任期五年。任期届满，应当如期召开会议，进行换届选举。在特殊情况下，经中华全国总工会批准，可以提前或者延期举行。

产业工会全国代表大会和按照联合制、代表制原则组成的产业工会全国委员会全体会议的职权是：审议和批准产业工会全国委员会的工作报告；选举产业工会全国委员会或者产业工会全国委员会常务委员会。独立管理经费的产业工会，选举经费审查委员会，并向产业工会全国代表大会或者委员会全体会议报告工作。产业工会全国委员会常务委员会由主席一人、副主席若干人、常务委员若干人组成。

第四章　地方组织

第二十二条　省、自治区、直辖市，设区的市和自治州，县（旗）、自治县、不设区的市的工会代表大会，由同级总工会委员会召集，每五年举行一次。在特殊情况下，由同级总工会委员会提议，经上一级工会批准，可以提前或者延期举行。工会的地方各级代表大会的职权是：

（一）审议和批准同级总工会委员会的工作报告。

（二）审议和批准同级总工会委员会的经费收支情况报告和经费审查委员会的工作报告。

（三）选举同级总工会委员会和经费审查委员会。

各级地方总工会委员会，在代表大会闭会期间，执行上级工会的决定和同级工会代表大会的决议，领导本地区的工会工作，定期向上级总工会委员会报告工作。

根据工作需要，省、自治区总工会可在地区设派出代表机关。直辖市和设区的市总工会在区一级建立总工会。

县和城市的区可在乡镇和街道建立乡镇工会和街道工会组织，具备条件的，建立总工会。

第二十三条　各级地方总工会委员会选举主席一人、副主席若干人、常务委员若干人，组成常务委员会。工会委员会、常务委员会和主席、副主席以及经费审查委员会的选举结果，报上一级总工会批准。

各级地方总工会委员会全体会议，每年至少举行一次，由常务委员会召集。各级地方总工会常务委员会，在委员会全体会议闭会期间，行使委员会的职权。

第二十四条　各级地方产业工会组织的设置，由同级地方总工会根据本地区的实际情况确定。

第五章　基层组织

第二十五条　企业、事业单位、机关和其他社会组织等基层单位，应当依法建立工会组织。社区和行政村可以建立工会组织。从实际出发，建立区域性、行业性工会联合会，推进新经济组织、新社会组织工会组织建设。

有会员二十五人以上的，应当成立工会基层委员会；不足二十五人的，可以单独建立工会基层委员会，也可以由两个以上单位的会员联合建立工会基层委员会，也可以选举组织员或者工会主席一人，主持基层工会工作。工会基层委员会有女会员十人以上的建立女职工委员会，不足十人的设女职工委员。

职工二百人以上企业、事业单位的工会设专职工会主席。工会专职工作人员的人数由工会与企业、事业单位协商确定。

基层工会具备法人条件，依法取得社团法人资格，工会主席为法定代表人。

第二十六条　工会基层组织的会员大会或者会员代表大会，每年至少召开一次。经基层工会委员会或者三分之一以上的工会会员提议，可以临时召开会员大会或者会员代表大会。工会会员在一百人以下的基层工会应当召开会员大会。

工会会员大会或者会员代表大会的职权是：

（一）审议和批准工会基层委员会的工作报告。

（二）审议和批准工会基层委员会的经费收支情况报告和经费审查委员会的工作报告。

（三）选举工会基层委员会和经费审查委员会。

（四）撤换或者罢免其所选举的代表或者工会委员会组成人员。

（五）讨论决定工会工作的重大问题。

工会基层委员会和经费审查委员会每届任期三年至五年，具体任期由会员大会或者会员代表大会决定。任期届满，应当如期召开会议，进行换届选举。在特殊情况下，经上一级工会批准，可以提前或者延期举行。

会员代表大会的代表实行常任制，任期与本单位工会委员会相同。

第二十七条 工会基层委员会的委员，应当在会员或者会员代表充分酝酿协商的基础上选举产生；主席、副主席，可以由会员大会或者会员代表大会直接选举产生，也可以由工会基层委员会选举产生。大型企业、事业单位的工会委员会，根据工作需要，经上级工会委员会批准，可以设立常务委员会。工会基层委员会、常务委员会和主席、副主席以及经费审查委员会的选举结果，报上一级工会批准。

第二十八条 工会基层委员会的基本任务是：

（一）执行会员大会或者会员代表大会的决议和上级工会的决定，主持基层工会的日常工作。

（二）代表和组织职工依照法律规定，通过职工代表大会、厂务公开和其他形式，参加本单位民主管理和民主监督，在公司制企业落实职工董事、职工监事制度。企业、事业单位工会委员会是职工代表大会工作机构，负责职工代表大会的日常工作，检查、督促职工代表大会决议的执行。

（三）参与协调劳动关系和调解劳动争议，与企业、事业单位行政方面建立协商制度，协商解决涉及职工切身利益问题。帮助和指导职工与企业、事业单位行政方面签订和履行劳动合同，代表职工与企业、事业单位行政方面签订集体合同或者其他专项协议，并监督执行。

（四）组织职工开展劳动和技能竞赛、合理化建议、技能培训、技术革新和技术协作等活动，培育工匠人才，总结推广先进经验。做好劳动模范和先进生产（工作）者的评选、表彰、培养和管理服务工作。

（五）加强对职工的政治引领和思想教育，开展法治宣传教育，重视人文关怀和心理疏导，鼓励支持职工学习文化科学技术和管理知识，开展健康的文化体育活动。推进企业文化职工文化建设，办好工会文化、教育、体育事业。

（六）监督有关法律、法规的贯彻执行。协助和督促行政方面做好工资、安全生产、职业病防治和社会保险等方面的工作，推动落实职工福利待遇。办好职工集体福利事业，改善职工生活，对困难职工开展帮扶。依法参与生产安全事故和职业病危害事故的调查处理。

（七）维护女职工的特殊利益，同歧视、虐待、摧残、迫害女职工的现象作斗争。

（八）搞好工会组织建设，健全民主制度和民主生活。建立和发展工会积极分子队伍。做好会员的发展、接收、教育和会籍管理工作。加强职工之家建设。

（九）收好、管好、用好工会经费，管理好工会资产和工会的企业、事业。

第二十九条 教育、科研、文化、卫生、体育等事业单位和机关工会，从脑力劳动者比较集中的特点出发开展工作，积极了解和关心职工的思想、工作和生活，推动党的知识分子政策的贯彻落实。组织职工搞好本单位的民主管理和民主监督，为发挥职工的聪明才智，创造良好的条件。

第三十条 工会基层委员会根据工作需要，可以在分厂、车间（科室）建立分厂、车间（科室）工会委员会。分厂、车间（科室）工会委员会由分厂、车间（科室）会员大会或者会员代表大会选举产生，任期和工会基层委员会相同。

工会基层委员会和分厂、车间（科室）委员会，可以根据需要设若干专门委员会或者专门小组。

按照生产（行政）班组建立工会小组，民主选举工会小组长，积极开展工会小组活动。

第六章 工会干部

第三十一条 各级工会组织按照革命化、年轻化、知识化、专业化的要求，努力建设一支坚持党的基本路线，熟悉本职业务，热爱工会工作，受到职工信赖的干部队伍。

第三十二条 工会干部要努力做到：

（一）认真学习马克思列宁主义、毛泽东思想、邓小平理论、“三个代表”重要思想、科学发展观、习近平新时代中国特色社会主义思想，学习政治、经济、历史、文化、科技、法律和工会业务等知识，提高政治能力，增强群众工作本领。

（二）执行党的基本路线和各项方针政策，遵守国家法律、法规，在改革开放和社会主义现代化建设中勇于开拓创新。

（三）信念坚定，忠于职守，勤奋工作，敢于担当，廉洁奉公，顾全大局，维护团结。

（四）坚持实事求是，认真调查研究，如实反映职工的意见、愿望和要求。

（五）坚持原则，不谋私利，热心为职工说话办事，依法维护职工的合法权益。

（六）作风民主，联系群众，增强群众意识和群众感情，自觉接受职工群众的批评和监督。

第三十三条 各级工会组织根据有关规定管理工会干部，重视发现培养和选拔优秀年轻干部、女干部、少数民族干部，成为培养干部的重要基地。

基层工会主席、副主席任期未满不得随意调动其工作。因工作需要调动时，应事先征得本级工会委员会和上一级工会同意。

第三十四条 各级工会组织建立与健全干部培训制度。办好工会干部院校和各种培训班。

第三十五条 各级工会组织关心工会干部的思想、学习和生活，督促落实相应的待遇，支持他们的工作，坚决同打击报复工会干部的行为作斗争。

县和县以上工会设立工会干部权益保障金，保障工会干部依法履行职责。

县和县以上工会可以为基层工会选派、聘用工作人员。

第七章 工会经费和资产

第三十六条 工会经费的来源：

（一）会员交纳的会费。

（二）企业、事业单位、机关和其他社会组织按全部职工工资总额的百分之二向工会拨缴的经费或者建会筹备金。

（三）工会所属的企业、事业单位上缴的收入。

（四）人民政府和企业、事业单位、机关和其他社会组织的补助。

（五）其他收入。

第三十七条 工会经费主要用于为职工服务和开展工会活

动。各级工会组织应坚持正确使用方向，加强预算管理，优化支出结构，开展监督检查。

第三十八条 县和县以上各级工会应当与税务、财政等有关部门合作，依照规定做好工会经费收缴和应当由财政负担的工会经费拨缴工作。

未成立工会的企业、事业单位、机关和其他社会组织，按工资总额的百分之二向上级工会拨缴工会建会筹备金。

具备社团法人资格的工会应当依法设立独立经费账户。

第三十九条 工会资产是社会团体资产，中华全国总工会对各级工会的资产拥有终极所有权。各级工会依法依规加强对工会资产的监督、管理，保护工会资产不受损害，促进工会资产保值增值。根据经费独立原则，建立预算、决算、资产监管和经费审查监督制度。实行“统一领导、分级管理”的财务体制、“统一所有、分级监管、单位使用”的资产监管体制和“统一领导、分级管理、分级负责、下审一级”的经费审查监督体制。工会经费、资产的管理和使用办法以及工会经费审查监督制度，由中华全国总工会制定。

第四十条 各级工会委员会按照规定编制和审批预算、决算，定期向会员大会或者会员代表大会和上一级工会委员会报告经费收支和资产管理情况，接受上级和同级工会经费审查委员会审查监督。

第四十一条 工会经费、资产和国家及企业、事业单位等拨给工会的不动产和拨付资金形成的资产受法律保护，任何单位和个人不得侵占、挪用和任意调拨；不经批准，不得改变工会所属企业、事业单位的隶属关系和产权关系。

工会组织合并，其经费资产归合并后的工会所有；工会组织撤销或者解散，其经费资产由上级工会处置。

第八章　会　徽

第四十二条　中国工会会徽，选用汉字“中”、“工”两字，经艺术造型呈圆形重叠组成，并在两字外加一圆线，象征中国工会和中国工人阶级的团结统一。会徽的制作标准，由中华全国总工会规定。

第四十三条　中国工会会徽，可在工会办公地点、活动场所、会议会场悬挂，可作为纪念品、办公用品上的工会标志，也可以作为徽章佩戴。

第九章　附　则

第四十四条　本章程解释权属于中华全国总工会。

关于《中国工会章程（修正案）》的说明

（2018 年 10 月 22 日）

邓　凯

各位代表、同志们：

为迎接中国工会十七大召开，修改好《中国工会章程》，2018 年 4 月，全国总工会启动了中国工会十七大章程修改工作。在党中央坚强领导下，全总党组、书记处高度重视，加强对《中国工会章程》修改工作的组织领导。经过深入调查研究、广泛征求意见、专题研究论证、反复修改完善，形成了《中国工会章程（修正案）》。现将有关修改情况说明如下。

一、修改《中国工会章程》的必要性和重要性

党的十九大把习近平新时代中国特色社会主义思想确立为我们党必须长期坚持的指导思想并写进党章，十三届全国人大一次会议通过的宪法修正案将这一思想载入宪法，实现了党和国家指导思想的与时俱进。党的十九大确定了决胜全面建成小康社会、开启全面建设社会主义现代化国家新征程的目标，对新时代推进中国特色社会主义伟大事业和党的建设新的伟大工程作出了全面部署，为工会围绕中心、服务大局，开创新时代工会工作新局面指明了前进方向。党的十八大以来，以习近平同志为核心的党中央高度重视工人阶级和工会工作，多次发表重要讲话、作出重要指示，形成了习近平总书记关于工人阶级

和工会工作的重要论述，为工会工作创新发展提供了根本遵循。

现行的《中国工会章程》是经党中央批准，并经中国工会第十六次全国代表大会通过的。五年来的实践证明，《中国工会章程》作为中国工会组织的规章性文件和处理中国工会内部事务的基本准则，在推进工会工作创新发展中发挥了重要作用。站在新的历史起点上，积极适应新时代新任务，适应职工群众需求的新变化新要求，有必要对现行的《中国工会章程》进行适当修改。

做好《中国工会章程》修改工作，是深入贯彻落实习近平新时代中国特色社会主义思想和党的十九大精神，贯彻落实习近平总书记关于工人阶级和工会工作重要论述的重大举措；是始终坚持党对工会工作的领导，保持工会工作的正确政治方向，坚定不移走中国特色社会主义工会发展道路的内在要求；是保持和增强工会组织和工会工作的政治性、先进性、群众性，把工会组织建设得更加充满活力、更加坚强有力，团结引导职工群众听党话、跟党走的现实需要，对于工会组织牢牢把握我国工人运动时代主题，团结动员广大职工为决胜全面建成小康社会、夺取新时代中国特色社会主义伟大胜利、实现中华民族伟大复兴的中国梦作贡献具有重要意义。

二、修改《中国工会章程》的总体要求和基本原则

在章程修改过程中，始终坚持以马克思列宁主义、毛泽东思想、邓小平理论、“三个代表”重要思想、科学发展观、习近平新时代中国特色社会主义思想为指导，深入学习贯彻党的十九大和十九届二中、三中全会精神，贯彻落实习近平总书记关于工人阶级和工会工作的重要论述，贯彻落实中央党的群团工作会议精神，充分体现党的十九大确立的重大理论观点、重大战

略思想和实践成果，充分体现党的十八大以来党中央对工人阶级和工会工作的重要要求，充分体现中国工会十六大以来在以习近平同志为核心的党中央坚强领导下，工会工作和工会改革取得的理论创新、实践创新和制度创新成果，努力为加强工会组织建设、深入创新发展，开创新时代工会工作新局面提供科学有力的遵循和指导。具体把握了以下原则：

一是突出政治性。根据党的十九大通过的《中国共产党章程（修正案）》精神，以习近平新时代中国特色社会主义思想为指导，贯彻落实习近平总书记关于工人阶级和工会工作的重要论述，坚持党对工会工作的领导，确保正确政治方向。

二是体现权威性。依据十三届全国人大一次会议通过的《中华人民共和国宪法修正案》，按照《中华人民共和国工会法》的有关规定要求，保持工会章程作为中国工会规章性文件和处理内部事务基本准则的严肃性和权威性。

三是注重群众性。深入调研论证，广泛征求意见，充分发扬民主，集中全会智慧，尊重基层首创精神，反映基层工会和职工群众创造的新鲜经验。

四是把握规律性。着眼新时代赋予工会组织和工会工作的新任务新要求，坚持问题导向，坚持改革创新，力求把工会工作的规律性特点和前瞻性要求体现到工会章程中。

五是保持稳定性。本着可改可不改的不改，需要改的准确改好，不作大的修改的原则，对在工会工作实践中已经成熟的工作、制度等内容作适当增加，保持工会章程的连续性和稳定性。

三、《中国工会章程》修改的简要过程和主要工作

党中央高度重视《中国工会章程》修改工作。中共中央政

治局常委、中央书记处书记王沪宁多次作出重要指示，对如何筹备好工会十七大特别是修改好工会章程提出明确要求。2018年9月7日，中央书记处办公会议听取全总党组关于工会十七大筹备工作情况的汇报，与会中央领导同志对《中国工会章程（修正案）》给予肯定，并提出修改意见。王沪宁同志作了总结讲话，对工会章程修改作出具体指示，提出明确要求。

在全国人大常委会副委员长、中华全国总工会主席王东明的高度重视和领导下，在全总党组书记、副主席、书记处第一书记李玉赋的直接带领下，全总党组、书记处把修改工会章程作为重要的政治任务来抓，确保各项工作有序推进。2018年4月，经全总书记处会议研究，全总成立了《中国工会章程》修改小组，并下发《关于认真做好〈中国工会章程〉修改工作的通知》。在章程修改过程中，全总书记处多次召开会议，研究审议《中国工会章程（修正案）》，对修改工作和修改内容提出了明确要求。全总党组、书记处各位领导同志都认真提出了修改意见。

全总《中国工会章程》修改小组在认真做好各项准备工作的基础上，分4个组分赴14个省（区、市），深入22个城市开展专题调研，召开42场座谈会，听取近1000余名各层各类工会干部和一线职工群众的意见建议。各省级工会高度重视，组织专门力量，采取召开座谈会等形式，广泛征求意见建议，并向全总报送了调研报告、修改稿及说明。经过认真汇总梳理，各地各单位共提出意见建议683条。

在调研论证、听取意见的基础上，全总《中国工会章程》修改小组起草了《中国工会章程（修正案）（征求意见稿）》，先后召开一系列不同层次、不同类别工会干部、一线职工和专家学者参加的座谈会、研讨会、论证会，广泛征求各方面意见建议，并以电文形式征求各省（区、市）总工会，各全国产业工会，中央和国家机关工会联合会筹备组，全总各部门、各直属单位的意见建议，还专门征求了中央组织部、中央编办、共青团中央、全国妇联等有关单位的意见建议，章程修改小组进行修改后，形成了报请中央书记处的《中国工会章程（修正案）（送审稿）》。

全总党组、书记处认真贯彻落实9月7日中央书记处办公会议精神，特别是王沪宁同志的重要讲话精神，对工会章程作了进一步修改。9月19日至20日，全总召开十六届十七次主席会议、十八次主席团会议、九次执委会议，传达学习中央书记处重要指示精神，组织与会同志对《中国工会章程（修正案）》进行了认真讨论，根据提出的意见建议，王东明、李玉赋同志带领全总《中国工会章程》修改小组，对工会章程作了进一步修改完善。会议审议并原则通过了《中国工会章程（修正案）》，决定提交中国工会第十七次全国代表大会审议。

四、对《中国工会章程》修改的主要内容

（一）总则部分修改的主要内容。

一是根据党的十九大精神和党章、宪法修改精神，把“习近平新时代中国特色社会主义思想”写入工会章程，作为中国工会必须长期坚持的指导思想；增写中国工会“保持和增强政治性、先进性、群众性”“按照中国特色社会主义事业‘五位一体’总体布局和‘四个全面’战略布局”“贯彻创新、协调、绿色、开放、共享的发展理念”等表述。

二是根据习近平新时代中国特色社会主义思想，习近平总书记关于工人阶级和工会工作的重要论述，充实工人阶级“是中国共产党最坚实最可靠的阶级基础”，鲜明强调中国工会

"坚持自觉接受中国共产党的领导"和"承担团结引导职工群众听党话、跟党走"的政治责任，中国工会的基本职责增写"竭诚服务职工群众"的内容，明确中国工会落实新时代党的建设总要求的具体内容，提出中国工会"把握为实现中华民族伟大复兴的中国梦而奋斗的工人运动时代主题""弘扬劳模精神、劳动精神、工匠精神"等内容。

三是根据中央党的群团工作会议精神，充分体现群团改革特别是工会系统改革取得的理论创新、实践创新和制度创新成果，增写中国工会"推进产业工人队伍建设改革""构建联系广泛、服务职工的工作体系，增强团结教育、维护权益、服务职工的功能""坚持服务职工群众的工作生命线""构建工会网上平台"，以及工会兴办的企业、事业"坚持公益性、服务性"等表述。

（二）第一章会员修改的主要内容。

一是为充分体现工会服务职工职责，在第三条会员权利中增加"互助保障"的内容。

二是为更好体现新时代对会员提出的新要求，在第四条会员义务中增加"认真学习贯彻习近平新时代中国特色社会主义思想""立足本职岗位建功立业""弘扬中华民族传统美德"等内容。

（三）第二章组织制度修改的主要内容。

一是为加强上级工会对下级工会的领导和服务，第九条增加工会各级领导机关"加强对下级组织的领导和服务"的表述，同时，对下级组织增加了"应及时"向上级组织请示报告工作。

二是为规范工会审查监督工作，根据工作需要，在第十三条增加经费审查委员会"监督"的职责。

（四）第四章地方组织修改的主要内容。

鉴于全国市辖区已普遍建立了总工会实际情况，第二十二条第三款“直辖市和设区的市总工会可在区建立区一级工会组织或者设派出代表机关”修改为“直辖市和设区的市总工会在区一级建立总工会”。

（五）第五章基层组织修改的主要内容。

为进一步增强基层工会的吸引力凝聚力战斗力，在第二十八条工会基层委员会的基本任务中充实完善“在公司制企业落实职工董事、职工监事制度”“技能培训”“培育工匠人才”“加强对职工的政治引领和思想教育，开展法治宣传教育，重视人文关怀和心理疏导”“推动落实职工福利待遇”“职业病防治”等内容。

（六）第六章工会干部修改的主要内容。

为提高工会干部适应新时代发展需要的能力素质，第三十二条增加学习“习近平新时代中国特色社会主义思想”和“政治、历史、文化、科技等”知识，强调“提高政治能力，增强群众工作本领”，做到“信念坚定”“敢于担当”“增强群众意识和群众感情”等内容。

（七）第七章工会经费和资产修改的主要内容。

一是为严格规范各级工会经费使用管理，在第三十六条后专门增加一条，具体内容是“工会经费主要用于为职工服务和开展工会活动。各级工会组织应坚持正确使用方向，加强预算管理，优化支出结构，开展监督检查。”

二是为切实保障基层工会独立使用管理工会经费的权利，原第三十七条“具备社团法人资格的工会可以设立独立经费账户”中“可以”修改为“应当依法”。

三是为严格工会资产监督管理，保证工会资产完整安全，把原第三十八条“各级工会应当加强对工会资产的监督、管理”修改为“各级工会依法依规加强对工会资产的监督、管理”。

四是为进一步健全完善工会经费审查监督体制，加大工会经费审查力度，在原第三十八条“统一领导、分级管理、分级负责”的经费审查监督体制中，增加“下审一级”的规定。

中华全国总工会第十六届执行委员会财务工作报告

——在中国工会第十七次全国代表大会上

（2018年10月22日）

焦开河

各位代表，同志们：

我受中华全国总工会第十六届执行委员会委托，向大会报告全国总工会本级工会经费收支情况和工会财务工作，请予审议。

一、过去五年全国总工会本级经费收支情况

过去五年，各级工会紧紧围绕党和国家工作大局以及工会工作全局，不断创新工作机制，加大经费收缴力度，积极争取财政资金支持，为工会组织正常运转，为工会工作有效开展，为工会阵地有序发展提供了充足的经费保障，工会服务职工的能力显著提升。

2013年至2017年，全国总工会本级累计实现经费收入220.26亿元。其中：拨缴经费收入107.64亿元，比上届增加37.05亿元，增长52.49%；财政补助收入111.01亿元，比上届增加41.91亿元，增长60.65%；事业收入和投资收益0.39亿元，比上届增加0.24亿元，增长160%；其他收入1.22亿元，比上届增加0.82亿元，增长200.72%。

过去五年，全国总工会本级累计完成支出 206.98 亿元。其中：补助下级支出 165.02 亿元，比上届增加 63.46 亿元，增长 62.49%；业务支出 6.16 亿元，与上届基本持平；行政支出 13.35 亿元，比上届增加 5.13 亿元，增长 62.41%；资本性支出 0.89 亿元，与上届基本持平；对本级企事业单位补助支出 20.15 亿元，比上届增加 8.47 亿元，增长 72.55%；其他支出 1.41 亿元，比上届减少 2.3 亿元，降低 62.03%。2013 年至 2017 年，全国总工会本级经费收支相抵后结余 13.28 亿元。

五年间，全国总工会本级年度经费收支预算安排与资金使用、经费收支决算情况每年都接受了全国总工会经费审查委员会的审查审计监督。期间，全国总工会还接受了十八届中央第九轮巡视，审计署对全国总工会 2015 年度和 2017 年度预算执行和其他财政收支情况进行了审计。巡视、审计与经费审查审计监督结果表明，全国总工会本级年度经费收支预算执行基本符合预算法、工会预算管理办法和其他法律法规的规定，财务处理总体上符合会计法、工会会计制度等法律法规的规定，工会经费使用基本符合中央有关规定和全国总工会的相关要求。全总书记处对审计、审查发现的问题和提出的意见建议非常重视，采取有针对性的措施进行了认真整改，全国总工会本级财务管理逐步规范。

二、过去五年工会财务工作回顾

过去的五年，是工会财务工作创新发展的五年。各级工会围绕中心，服务大局，以工会改革为契机，深化财务体制改革，创新财务工作机制，完善财务管理制度，统筹经费保障，优化支出结构，工会财务工作取得明显成效。

（一）工会财务管理体制进一步健全。

五年来，各级工会认真贯彻落实中央党的群团工作会议精神，深化改革，理顺体制，明确职能，落实责任。一是理顺经费分成体制。根据乡镇（街道）、开发区（工业园区）工会和基层工会发展的实际，全国总工会印发《关于加大对乡镇（街道）、开发区（工业园区）工会和基层工会经费支持力度的若干规定》，明确乡镇（街道）、开发区（工业园区）工会和基层工会的经费留成比例。36个省级工会均按照全国总工会的要求，将基层工会的经费分成比例调整为60%以上。二是创新经费分配方式。将全国总工会对下级工会的回拨补助、超收补助和专项补助合并为项目补助，实行项目化管理，印发《关于对下补助实行项目补助管理的通知》，明确相关要求。2015年至2017年，全国总工会共安排各级工会补助项目1168个，预算37.57亿元。36个省级工会均按照全国总工会的要求，调整了经费补助分配方式，对下补助普遍实行了项目化管理。三是理顺财务资产管理体制。全国总工会整合工会资产监管职能，实行工会行政资产与企事业资产归口管理；明确工会基本建设与政府采购管理部门和职责，落实管理责任；实行工会企事业管办分离、分类管理，强化工会企事业资产监督管理；制定工会系统生产经营类事业单位改革指导意见，加强对各级工会生产经营类事业单位转企改制工作的指导。各级工会按照工会改革要求，强化工会改革过程中财务管理职能，工会财务管理体制进一步完善。

（二）工会财务保障能力进一步增强。

五年来，各级工会坚持以《工会法》为依据，按照经费独立的原则，依法组织各项收入，努力为工会全局工作提供经费保障。一是拨缴经费收入稳定增长。各级工会通过政府联席会议、共同制定文件、组织联合检查等方式，继续巩固委托税务代收、财政划拨工会经费工作成果，协同推进组织建设、工作覆盖与经费收缴工作，不断扩大经费收缴覆盖面，各级工会拨缴经费收入呈稳定增长态势。二是财政补助收入增长迅速。各级工会认真贯彻落实《中共中央关于加强和改进党的群团工作的意见》，积极争取同级党委、政府的政策与资金支持。《公共文化服务保障法》明确，工人文化宫、职工书屋等公共文化设施建设纳入县级以上人民政府城乡规划，所需经费纳入本级政府预算。五年间，中央财政累计安排预算资金111.01亿元，专项用于困难职工帮扶等工会重点工作。各级地方财政对工会送温暖、困难职工帮扶等重点工作的经费支持力度持续加大。不少地方县级以上工会在职人员经费与社会保障政策取得突破。三是工会资产经营收益制度初步建立。各级工会以公益性服务性为宗旨，探索建立工会资产服务职工服务工会的有效途径。全国总工会按照本级所属生产经营单位占有经营性资产的一定比例上交资产经营收益，纳入全国总工会本级预算管理。各地方工会在建立完善工会资产经营收益制度方面作了许多有效尝试。五年来，各级工会实现事业收入和投资收益4.56亿元。

（三）工会资金使用绩效进一步提高。

五年来，各级工会始终坚持工会经费正确使用方向，坚持围绕中心、服务大局，坚持统筹兼顾、突出重点，大力压缩一般性支出，工会经费支出结构进一步优化。一是资源配置、资金分配进一步向基层倾斜。过去五年，全国总工会继续实行工会经费按比例留成办法，每年95%的工会经费留在地方各级工会。全国总工会本级年度经费支出中，补助下级支出每年都在70%以上。2013年至2017年，全国总工会本级对下级工会补助支出165.02亿元，占全部支出206.98亿元的79.73%。各省级工会通过改进对下补助经费分配方式，调整省、市、县级工会经费分成比例等，资金分配进一步向基层倾斜，每年对下补助支出占本级支出的比例呈逐年增长趋势，多数省级工会占比在70%以上。二是优先保证工会重点工作的资金需求。各级工会持续加大对基层组织建设、劳动和技能竞赛、困难职工帮扶、劳模疗休养、法律援助、职工教育培训等重点工作的投入力度，直接服务职工群众的职工教育支出、文体活动支出、宣传活动支出、慰问支出和维权支出呈逐年增长趋势。2015 年至 2017 年，全国总工会本级连续三年安排专项资金 1.92 亿元，用于农民工入会与服务专项行动；安排专项资金 2.37 亿元，用于社会化工会工作者补助；安排专项资金 3.72 亿元，用于乡镇（街道）工会和基层工会经费补助。三是工会预算绩效管理取得明显成效。各级工会根据《预算法》和《工会预算管理办法》的有关规定，积极推进全面预算管理，预算绩效管理意识明显增强。全国总工会制定《工会预算支出绩效评价管理暂行办法》，明确预算绩效评价的目标、内容、方法以及评价结果运用等基本要求，规范预算绩效目标设置与绩效评价的工作程序。各级工会按照全国总工会的要求，制定预算绩效管理实施办法，细化预算绩效评价标准与评价指标体系，组织实施了一批重点资金、重要项目的绩效评价，工会预算资金使用绩效明显提高。

（四）财务管理基础工作进一步规范。

五年来，各级工会严格执行国家财经法律法规和财务会计制度规定，健全完善工会财务管理制度，强化财务监督检查，积极推进财务信息化建设，工会财务规范化管理水平显著提升。一是财务管理制度体系不断完善。过去五年，全国总工会根据国家财经法律法规制度规定，健全完善工会财务管理制度，先后出台《全国总工会机关厉行节约反对浪费实施办法》等 30 多项制度办法。特别是按照中央八项规定及其实施细则要求，及时制定《关于加强基层工会经费收支管理的通知》及其《补充通知》，并结合通知实施中出现的新情况新问题，出台了《基层工会经费收支管理办法》，受到社会各界的广泛关注和广大职工群众的普遍欢迎。各省级工会在工会经济事项公开、工会经费使用负面清单等方面进行了许多有效探索，进一步明确基层工会经费开支范围、开支标准与管理要求，逐步形成以制度管人、管事的良好局面。据统计，36个省级工会2017年出台了近300项财务管理制度规定。二是财务监督检查力度明显加大。过去五年，中央领导同志多次就切实加强工会经费、资产使用管理作出重要批示，要求各级工会采取措施，堵塞“漏洞”、“黑洞”，严防工会经费、资产异化成为滋生腐败的土壤。全国总工会认真贯彻落实中央领导同志重要指示精神，在加强对本级所属单位的日常财务监督、积极推进本级项目预算绩效考核评价的同时，先后开展了全国工会系统财务、资产大检查和工会经费收缴使用管理专项整治，发现并纠正了工会经费、资产管理中存在的突出问题。各省级工会根据要求，结合实际，利用互查、督查、巡查等方式，强化监督检查，出现了基层工会“微腐败”专项整治、开展“1+X”专项督查推动中央八项规定精神落实等好经验好做法。各基层工会克服编制紧张困难，在建立互查互审财务监督机制上作了许多有效探索，内部会计监督不断加强，基层工会财务管理水平逐步提高。三是财务信息化建设取得明显进展。各级工会财务管理部门注重利用现代信息技术，积极推进财务信息化建设，提升财务管理信息化水平。全国总工会开发建设了工会通用财务核算系统、工会经费收入专用票据管理系统，有效规范了各级工会会计核算与票据管理。各省级工会结合实际，研发了工会经费预决算管理信息系统、财务集中管理数据平台，实现了财务信息集成管理，有效促进了各级工会财务规范化建设。

（五）工会资产公益性服务性进一步增强。

五年来，各级工会牢牢把握工会资产工作的正确方向，坚持一手抓工会资产监督管理，一手抓工会企事业改革发展，工会资产工作取得显著成效。一是工会资产工作思路进一步明确。各级工会坚持公益性服务性，强化工会资产服务职工、服务基层的功能；严格按照工会接受同级党委和上级工会组织双重领导要求，健全完善工会系统资产监管组织体系、工作体系和制度体系，工会资产监管方向、范围、重点与方式进一步明确。二是工会资产回归公益取得重大突破。各级工会聚焦职工文化教育体育事业、职工疗休养事业和职工互助保障事业三大服务领域，开展工人文化宫、工人疗休养院清理整改专项工作，规范发展职工互助保障活动，充分发挥工会资产服务职工的效能，工会资产“回归公益、聚焦主业、自主经营、依法监管”的格局逐步形成。五年来，全国工人文化宫、工人体育场馆共有22182.86万人次参加活动；工人疗休养院接待职工和劳模1835.36万人次；工会院校、职工学校和职工技能培训机构开展各类培训1445.29万人次；职工互助保障组织共有入会职工8600.69万人次。三是工会资产阵地建设迈出重大步伐。各级工会坚持鼓励恢复重建、倡导维修改建、规范控制新建的工作方针，着眼盘活现有工会资产，统筹推进工会资产阵地建设，较好实现了工会资产保值增值与发挥其公益性服务性作用的统一。五年来，各级工会新建、改建了一批工人文化宫、工人疗养院等服务职工的设施和场所，为工会更好地服务职工、满足职工群众对美好生活需求奠定了坚实基础。截至2017年底，全国县以上工会资产总额2356亿元，较2012年增长122.47%。其中：

行政性资产1837亿元，较2012年增长133.31%；企事业资产519.18亿元，较2012年增长90.49%。四是管住管严管好工会资产取得重大进展。各级工会根据全国总工会关于改进和加强资产工作的要求，改革完善工会资产管理体制机制，实行工会行政性资产与工会企事业资产统一监督管理。扎牢制度笼子，出台《工会行政事业性资产管理办法》等11项资产管理制度，实现了工会资产监管范围、监管单位、监管流程的全覆盖。积极探索建立分类资产监督管理体制，对工会所属企事业单位资产分类进行管理，突出抓好本级企事业资产监督管理工作，实现工会资产统一、科学、有效监管。

（六）工会财务管理干部队伍服务能力进一步提升。

五年来，各级工会高度重视财务管理干部队伍建设，工会财务管理干部队伍服务能力明显提升。一是开展多形式、多层次的人员培训，提高财务管理干部队伍素质。全国总工会每年都安排工会财务管理人员培训，发挥中国工会会计学会和《中国工会财会》杂志作用，组织开展工会财务知识网上竞赛。各省级工会采取请进来、走出去的方式，加大对财务人员培训力度，财务管理干部队伍整体素质不断提升。二是探索加强工会财务管理干部队伍建设的新途径。五年来，全国总工会每年预算安排一定数量的专项资金，用于社会化工会工作者的经费补助，引导地方工会逐步解决基层工会财务人员不足的实际问题。一些省级工会成立会计核算中心，实行本级企事业单位财务集中核算。有的省级工会开展工会财务人员技能竞赛，提高各级财务人员业务素质。一些县级工会探索建立乡镇（街道）工会和基层工会财务集中管理模式，有效解决了基层工会财务力量薄弱的突出问题。三是加强工会财务管理干部队伍党风廉政建设和反腐败工作。加强思想政治建设，认真开展“三严三实”

专题教育和“两学一做”学习教育，教育引导广大工会财务管理干部牢固树立“四个意识”、增强“四个自信”，坚决维护习近平总书记在党中央和全党的核心地位、坚决维护党中央权威和集中统一领导。要求各级工会财务干部，牢固树立纪律意识和底线思维，严格执行有关规定，严格遵守财经纪律，不踩红线。加强制度建设，扎牢织密制度的笼子，做到用制度管人管事，不断推动工会财务管理工作规范化、制度化。

回顾五年来的工作，各级工会财务管理部门和广大财务工作者锐意进取，扎实工作，工会财务工作取得了明显的成效，积累了宝贵的经验。一是必须紧紧围绕党和国家工作大局以及工会工作全局，找准财务工作服务工会组织履职尽责的切入点与落脚点，努力为工会全局工作提供保障与服务。二是必须牢牢把握工会经费服务基层、服务职工的正确使用方向，积极回应基层工会和职工群众关切，让更多的工会经费直接服务职工群众。三是必须始终坚持问题导向，深化工会财务管理体制机制改革，持续推进工会财务管理创新发展。四是必须坚持公益性服务性，深化工会企事业单位改革，加强工会资产监督管理，促进工会企事业健康稳定发展。

过去五年工会财务工作取得的成绩，是各级工会和广大工会财务干部共同努力的结果，是各级财政、税务、银行等部门大力支持的结果，是各级审计机关和工会经费审查委员会监督、指导的结果。在此，我代表全国总工会第十六届执行委员会向他们表示崇高的敬意与衷心的感谢！

在充分肯定成绩的同时，我们必须清醒地认识到，当前工会财务工作还存在一些薄弱环节和问题。一是工会经费尚未做到依法应收尽收，二是工会财务管理的顶层设计还要不断完善与创新，三是基层工会财务管理基础工作依然比较薄弱，四是工会经费的使用效益需要提高，五是工会资产服务职工的整体效能还有待加强。对这些问题，我们要高度重视，切实加以解决。

三、对今后五年工会财务工作的建议

党的十九大指出，中国特色社会主义进入新时代，我国经济已由高速增长阶段转向高质量发展阶段，我国社会主要矛盾已经转化为人民日益增长的美好生活需要和不平衡不充分的发展之间的矛盾。我国社会主要矛盾的变化是关系全局的历史性变化，对党和国家工作提出了许多新要求。党的十九届三中全会通过的《深化党和国家机构改革方案》明确，组建国家监察委员会，实现对所有行使公权力的公职人员监察全覆盖；组建中央审计委员会，构建集中统一、全面覆盖、权威高效的审计监督体系；改革国税地税征管体制，将省级和省级以下国税地税机构合并。《方案》同时对深化包括工会在内的群团组织改革提出了明确要求，要求紧紧围绕保持和增强政治性、先进性、群众性这条主线，牢牢把握改革正确方向，落实以职工为中心的工作导向，自觉服从服务党和国家工作大局；聚焦突出问题，坚持眼睛向下、面向基层，将力量配备、服务资源向基层倾斜，更好适应基层和群众需要，把群团组织建设得更加充满活力、更加坚强有力；构建联系广泛、服务职工的工会工作体系。这些都对工会工作提出了新的要求，工会财务工作也面临许多机遇和挑战。各级工会财务管理部门必须锐意进取，改革创新，扎实工作，不断开创工会财务工作新局面。

今后五年工会财务工作的总体要求是：深入学习贯彻落实习近平新时代中国特色社会主义思想和党的十九大、十九届三中全会精神，贯彻落实中国工会十七大各项决策部署，牢牢把握工会财务工作正确方向，围绕中心、服务大局，以制度建设为基础，以收支管理为重点，以效能提升为目标，以深化改革为动力，以能力建设为保障，全面提升工会财务工作水平，努力为新时代工会工作创新发展提供服务和保障。

（一）认真学习宣传贯彻落实习近平新时代中国特色社会主义思想和党的十九大精神，始终坚持工会财务工作正确政治方向。

学习宣传贯彻落实习近平新时代中国特色社会主义思想和党的十九大精神是当前和今后一个时期全党的首要政治任务，也是各级工会的头等大事。

一是提高政治站位，坚定正确政治方向。党的十九大最重要理论成果也是最重大历史贡献，就是把习近平新时代中国特色社会主义思想确立为我们党必须长期坚持的指导思想写进党章，实现了马克思主义中国化的又一次历史性飞跃。十三届全国人大一次会议通过宪法修正案，把党的十九大确定的重大理论观点、重大方针政策特别是习近平新时代中国特色社会主义思想写入宪法。各级工会财务管理部门要提高政治站位，牢固树立政治意识、大局意识、核心意识、看齐意识，自觉增强“四个自信”，坚决做到“四个服从”，在思想上政治上行动上同以习近平同志为核心的党中央保持高度一致，牢牢把握工会财务工作正确政治方向。

二是坚持用习近平新时代中国特色社会主义思想武装头脑、指导实践。各级工会财务管理部门要深入学习领会习近平新时代中国特色社会主义思想，坚持以人民为中心的发展理念，坚持全心全意依靠工人阶级的方针，从我国社会主要矛盾的变化来把握职工群众的新需求，从就业方式、生活方式的变化来分析职工群众的新需求，研究解决职工队伍多层次、多样化的需求与发展不平衡不充分的矛盾，为更好地解决不平衡不充分的发展给职工带来的实际问题提供保障与服务，为更好地满足职工对美好生活的需要提供保障与服务。

三是明确新时代工会财务工作的目标任务。各级工会财务管理部门要根据党的十九大对我国工人阶级和工会工作提出的新要求，结合《深化党和国家机构改革方案》明确的与工会财务直接相关的改革举措，积极应对，主动作为，进一步明确工会财务工作的目标任务，研究建立工会财务工作服务职工的投入保障机制，帮助广大职工解决最关心、最直接、最现实的利益问题，努力构建工会财务工作新格局。

（二）坚决履行《工会法》赋予的神圣职责，努力夯实工会服务职工群众的物质基础。

各级工会要以《工会法》为依据，履职尽责，勇于担当，加大工作力度，多方筹集资金，夯实工会组织服务职工群众的物质基础。

一是加强会员会费管理。工会会员定期向所在工会组织缴纳会费，是《工会法》赋予工会会员的法定义务。工会会员要切实增强会员意识，履行法定义务，依据《工会法》的有关规定和《中华全国总工会关于收交工会会费的通知》要求，按每月工资收入的一定比例向工会组织交纳会费。各级工会要以工会会员实名制管理为基础，以为广大会员提供普惠化服务为抓手，加强会员会费管理，让会员会费更加直接为职工群众服务，团结组织动员广大会员听党话、跟党走，进一步增强工会组织的吸引力凝聚力。

二是加强工会经费的收缴。会同国家税务总局开展专题调研，研究税收征管体制改革后委托税务代收工会经费的工作机制。加强与财政部的协调沟通，研究推进财政足额划拨工会经费的对策措施。加强与中国人民银行国库部门的协调沟通，探索建立适用工会经费分成体制的费、库、银管理方式。开发建设工会经费收缴管理信息系统，实现全国总工会与省级工会经费收缴信息实时互联互通。加强工会经费收入专用收据电子化管理，研究工会经费收入专用票据电子票据改革方案。强化各级工会自主收缴工会经费的主体责任意识，加强工会经费收缴数据分析，摸清全国工会经费收缴底数，扩大经费收缴覆盖面。

三是积极争取政府资金的支持。县级以上工会要加大与财政部门的协调沟通力度，争取财政部门对服务职工工作体系建设等工会重点工作的经费支持，协调解决县级以上工会在职职工养老保险资金渠道，主动向当地党委、政府汇报，共同推进地方有关部门落实《公共文化服务保障法》相关要求，将工人文化宫等职工服务阵地建设纳入地方财政预算。

四是加强工会资产经营收益管理。各级工会要突出工会组织的主责主业，体现公益性服务性，坚持围绕职工文化教育体育事业、职工疗休养事业和职工互助保障事业三大领域，加强项目可行性研究论证，防范投资风险，将资产经营收益纳入预算管理，使其成为工会服务职工群众的有效补充。

五是积极争取本单位行政经费支持。各基层工会要按照经费独立管理原则，实现独立开户、独立核算。要加强与单位行政的沟通，依法落实基层工会专职工作人员的工资、奖励、补贴、社会保障和其他福利待遇，积极争取单位行政为工会办公和开展活动提供必要的设施和活动场所等物质条件，并按时足额拨缴工会经费。

（三）坚持以人民为中心的发展思想，深化工会财务改革，努力构建工会经费普惠职工的保障机制。

各级工会要根据新时代我国社会主要矛盾的变化，紧紧围绕党和国家工作大局和工会工作全局，坚持以人民为中心的发展思想，深化工会财务改革，研究工会经费普惠职工的保障机制。

一是深入推进工会全面预算管理。各级工会要牢固树立全面预算管理意识，全部收支、各个层级、所有单位均应纳入预算管理。各级工会特别是基层工会，要根据相关政策规定和定额标准，合理测算年度职工教育、文体、宣传、慰问与维权服务的资金需求，统筹留成经费与行政补助、上级工会补助等资金使用，科学编制年度工会经费收支预算，严格预算审批程序，硬化预算约束，强化预算执行。要大力推进项目库建设，坚持工会预算项目化改革方向，完善项目决策机制，规范项目立项程序。要加强预算定额标准体系建设，研究制定劳动和技能竞赛等工会特色活动的经费开支范围和开支标准，理顺经费开支渠道。

二是深入推进工会财务管理体制改革。坚持工会财务统一归口管理原则，全部经济活动、各类专项资金管理必须由财务管理部门全程参与、集中管理。研究解决工会组织体制与财务体制脱节的问题，理顺中央企业工会与地方工会的财务管理体制，妥善解决乡镇（街道）工会财务管理体制不顺的突出矛盾，研究解决上一级工会加强对基层工会的指导、监督与服务的有效途径。

三是改革现行预算分配办法。按照事权和财权统一的原则，厘清全国总工会和省级工会预算管理职责，合理划分支出责任，建立全面规范透明、标准科学、约束有力的预算制度。在摸清各级工会经费收缴情况与经费需求总量的前提下，研究工会经费收缴改革办法，积极构建权责清晰、财力协调、区域均衡的工会经费分成体制。

四是建立工会经费普惠职工的保障机制。加强职工需求调研，研究建立个性化需求与普惠化服务的经费保障机制，统筹工会经费资金使用，盘活工会存量资金，将更多的工会经费用于直接服务职工群众的普惠化服务项目。各级工会服务职工阵地建设要符合职工实际需要，量力而行，力戒追求“高大上”，反对奢侈浪费。贯彻落实中央打赢脱贫攻坚战决策部署，加大工会脱贫攻坚资金投入，精准帮扶、精准脱贫，切实担负起工会组织的社会责任。

五是大力推进工会预算绩效管理工作。贯彻落实《中共中央国务院关于全面实施预算绩效管理的意见》，围绕预算管理的主要内容和环节，完善涵盖工会预算绩效目标管理、绩效运行监控、绩效评价管理、评价结果应用等环节的管理流程，健全预算绩效评价标准体系，硬化预算绩效管理约束，努力构建“预算编制有目标、预算执行有监控、预算完成有评价、评价结果有反馈、反馈结果有应用”的工作机制，不断提高工会预算绩效。

（四）坚持问题导向，加强顶层设计，强化监督检查，努力构建“制度+科技”的工会财务工作新机制。

各级工会要主动适应巡视巡查全覆盖和审计监督全覆盖的新要求，直面工会财务工作中存在的突出矛盾和问题，加强顶层设计，强化监督检查，努力构建“制度+科技”的工会财务工作新机制。

一是加强工会财务制度顶层设计，建立健全管理体制、经费收缴、票据管理、预算管理、资金管理、资产管理、会计核算和财务监督等工会内部控制制度体系。要加强与财政部的沟通协调，研究提出政府会计改革背景下《工会会计制度》改革的基本思路。要根据《预算法》的规定，修订完善《工会预算管理办法》，规范工会预算编制、审批、执行与监督。要聚焦基层工会预算管理薄弱的突出问题，研究制定《基层工会预算管理实施办法》，规范基层工会预算编制与执行，扭转基层工会无预算开支的局面。要严格执行中央八项规定及其实施细则规定要求，严肃财经纪律，督促基层工会严格落实《基层工会经费收支管理办法》，防止利用工会经费违规发放津补贴、违规为少数人谋取私利。要定期开展工会财务管理制度评估，适时做好工会财务制度的“立、改、废、释”工作，确保各项制度有效执行。要研究建立工会决算（会计报告）制度，全面、真实、准确、完整地反映各级工会各类单位年度收支规模与资产负债状况。

二是强化工会财务监督检查。研究制定《工会财务监督条例》和监督检查工作规范，明确财务监督检查的内容、重点和方式，明确工会财务违法违规行为及责任，促进财务监督经常化、常态化、制度化，维护工会系统财务管理秩序。建立财务监督与经费审查审计监督、职工群众监督相统一的监督检查工作机制，探索建立上一级工会对下一级工会实行财务监督检查的有效途径，逐步实现财务监督检查全覆盖。深入开展工会财务管理规范化建设，强化基层工会内部会计监督。积极推进工会财务信息公开，稳步推进工会经费收支预决算公开制度，自觉接受职工群众和社会各界监督。

三是大力推进工会财务管理信息化建设。全面分析工会财务管理业务需求，整合现有经费收缴、预算管理、会计核算等财务管理信息系统资源，构建工会财务管理一体化平台，统一工作规范与业务规范，实现数据集成管理，运用大数据、现代信息技术，构建“制度+科技”的工会财务工作新机制。

（五）坚持工会资产公益性服务性，加强监管，进一步提高工会资产服务职工的效能。

各级工会要以提升工会资产服务效能为目标，坚持稳中求进工作总基调，坚持新发展理念，坚持问题导向，努力建好用好管好工会资产阵地，全面加强和改进工会资产工作，更好地满足广大职工群众对工会资产阵地服务的迫切需求。

一是坚持工会资产公益性服务性的正确方向。按照“回归公益、聚焦主业、自主经营、依法监管”的总体要求，持续建好管好用好工会行政资产和企事业资产，强化工会属性，突出工会特色，融入工会元素，做强主责主业。

二是规范管理工会行政性资产。按照依法合规、科学规划、规范配置、有效利用、厉行节约的原则，严格工会行政性资产管理，维护资产完全完整，保证履行工会职能需要。

三是进一步加强工会企事业资产管理。积极推动工人文化宫纳入地方公共文化服务体系，提升公共服务效能。大力推进工人疗休养院改革发展，做优做强疗养主业。规范管理职工互助保障工作，突出公益性、互助性、专业性，完善治理体系，严格控制风险。

四是持续深化工会资产监管体制机制改革。坚持和完善工会资产统一监管和分类监管制度，进一步健全监管组织体系、制度体系和工作体系，进一步压实工会资产分级管理责任，把工会资产管住管严管好。

五是扎实做好工会资产基础管理工作。积极推进工会资产统一标识管理工作和全国工会资产监督管理信息系统建设，加强宏观指导、协调和服务，提高管理工作的质量和水平。

（六）坚持高素质专业化标准，加强工会财务管理干部队伍建设，提升工会财务管理干部队伍服务职工的能力和水平。

各级工会要重视工会财务管理干部队伍建设，把提升工会财务管理干部队伍素质和能力摆到更加重要的位置。

一要坚持高素质专业化标准。工会财务管理干部既要政治过硬，又要本领高强。要始终坚持用习近平新时代中国特色社会主义思想为指导，加强政治学习，牢固树立“四个意识”、增强“四个自信”、做到“四个服从”。要全面增强执政本领，特别是改革创新本领、群众工作本领和狠抓落实本领，要以职业精神和专业素养，创造性推动工会财务改革，为服务职工群众办实事、出实招、求实效。

二要加强工会财务系统党风廉政建设和反腐败工作。要全面梳理工会财务管理全过程的廉政风险点，健全完善风险防控制度体系，加强警示教育，持之以恒正风肃纪，驰而不息纠正“四风”，构建工会财务系统预防腐败的长效机制。

三要加大培训力度。定期开展财经法律法规和财务业务培训，强化各级工会负责人严守财经纪律的自觉性，提高广大财务管理干部的业务素质。建立全国总工会与各省级工会定期沟通机制，互相通报近期重点工作，交流实际工作中的新情况新问题，研究解决方案与对策。

四要加强工会财务资产管理理论研究，总结各级工会财务、资产管理实践探索的典型经验，完善工会财务管理学科体系。充分发挥中国工会会计学会作用，定期开展工会财务资产专题调研，开展工会财务会计理论研究和学术交流。

五要下大力气解决基层工会财务基础工作薄弱问题。县级以上工会要加强对基层工会财务工作的指导，加大对基层工会的经费支持力度，支持基层工会通过购买服务、聘用社会化工会工作者等途径加强财务基础工作，探索建立“上代下”的工会财务工作新模式，切实解决基层工会财务力量相对薄弱的现实问题。

各位代表、同志们，新时代赋予新使命，新使命呼唤新担当。让我们更加紧密地团结在以习近平同志为核心的党中央周围，在中国工会第十七届执行委员会的领导下，进一步增强做好工会财务工作的使命感和责任感，推动工会财务工作再上新台阶，为坚持和发展中国特色社会主义工会发展道路作出新的更大的贡献。

中华全国总工会第十六届经费审查委员会工作报告

——在中国工会第十七次全国代表大会上

（2018 年 10 月 22 日）

李 晓 钟

各位代表，同志们：

我受中华全国总工会第十六届经费审查委员会的委托，向大会作经审工作报告，请予审议。

一、过去五年全总审查审计监督情况

中国工会十六大以来，中华全国总工会第十六届经费审查委员会（以下简称全总经审会）认真贯彻党的十八大、十九大精神，贯彻中央党的群团工作会议精神和习近平总书记关于工人阶级和工会工作的重要论述，按照全总工作部署，扎实做好全总本级审查审计和下审一级工作。

（一）对全总本级经费和全国工会资产监督管理审查监督情况。

全总经审会每年都对本级预决算（草案）和上半年预算执行情况进行审查监督。审查结果表明，全总高度重视工会财务工作，不断深化财务管理机制改革，切实加强内控制度建设，强化预算支出绩效评价管理，经费收入持续增长，财务管理更加规范，支出结构更加合理。2013 年至 2017 年，全总本级经费总收入220.26亿元。其中，拨缴经费收入107.64亿元，占总收入的48.87%，较上一届增长52.49%；政府补助收入111.01亿元，占总收入的50.40%，较上一届增长60.65%。全总本级经费总支出206.98亿元。其中，补助下级支出165.02亿元，占总支出的79.73%，较上一届增长62.49%。2013年至2017年，全总本级经费收支相抵后结余13.28亿元。

全总经审会每年对全国工会资产监督管理情况进行审查。审查结果表明，工会资产监管制度逐渐完善，管理水平不断提升，资产总量持续增长，工会企事业公益性服务性效能逐步呈现，整体效益和运行水平逐年提高，工会资产和经济实力进一步发展壮大。

全总十六届经审会第十一次全体会议审查了全总第十六届执行委员会财务工作报告。会议认为，报告真实反映了全总本级财务状况，全面总结了工作成绩和经验，客观指出了存在的问题，明确提出了今后五年进一步加强工会财务工作的建议，一致同意将报告提交中国工会第十七次全国代表大会审议。

（二）对全总本级、直属企事业单位和下一级工会审计监督情况。

全总经审会每年均组织开展了全总本级预算执行情况和直属企事业单位财务收支情况审计。审计结果表明，全总本级预算执行情况总体较好，财务管理比较规范，经费收入持续增长，本级行政支出控制严格，“三公”经费支出持续大幅度下降，2017年较2013年下降了40.36%，对下级工会经费补助力度持续加大，五年来对下级工会经费补助占经费总支出的79.73%，充分体现了服务职工、服务基层的要求。全总直属预算拨款事业单位财务收支基本合规，预算执行情况较好；企业化管理单位基本运行良好，经营业绩稳中有升，资产规模有所扩大。全总经审会持续组织开展了全总本级和直属企事业单位建设项目竣工决（结）算审计和招标控制价审核，对部分重大建设项目实施全过程跟踪审计。受全总组织部门委托，全总经审会对有关全总直属企事业单位主要负责人开展了经济责任审计。

五年来，全总经审会先后对36个省级工会预算执行情况进行了审计。审计结果表明，省级工会预算执行情况总体较好，财务收支基本合规，内控建设逐步完善，财会基础工作日趋规范，工会经费税务代收和财政划拨工作稳步推进，经费收入大幅增长，经费支出结构不断优化，“三公”经费支出大幅度下降，特别是对下级工会补助力度逐年加大，为基层工会开展工作提供了有力的资金保障。从2016年起，全总经审会对与全总有经费拨缴关系的15个在京中央企业工会开展了财务收支审计工作。审计结果表明，在京中央企业工会坚持工会经费的正确使用方向，围绕央企中心工作和职工重点关切合理安排经费支出，经费收支管理逐步得到重视，各项财务收支基本符合《工会预算管理办法》和《工会会计制度》的有关要求。

五年来，全总经审会共开展110个审计项目（不含建设项目），审计出会计核算、预算管理、财务管理等各类问题1125项，提出审计意见建议423条，各单位对审计发现问题认真整改，截至目前除个别问题仍在整改外，大部分已整改落实。建设项目共送审282项，经审计，核减金额1.82亿元。

（三）审查审计发现的主要问题。

总结五年来审查审计情况，较集中的问题是：预算编制不够科学，有的项目预算执行率偏低；有的专项资金管理尚存在开支超范围、使用不及时不规范的现象；有的工会组织滚存结余较大，经费使用绩效和作用发挥有待提高；有的项目资金内部控制制度不够健全，存在风险隐患；有的集中采购或公开招投标制度不够健全，执行不够到位；有的固定资产管理存在薄弱环节，工会企事业效能作用有待进一步发挥；一些审计发现问题整改落实不够及时有力，个别经费和资产管理方面遗留的问题长期得不到解决。

二、过去五年全国工会经审工作开展情况

中国工会十六大以来，工会经审工作的大环境不断发生深刻变化。党中央持续不断推进全面从严治党，推动落实中央八项规定及其实施细则，严厉整治“四风”，切实加强审计工作。工会改革深度推进，工会系统全面从严治党不断深入，对经审工作的重视程度也不断增强。全总主要领导李建国同志、王东明同志和全总党组、书记处多次强调，要加强工会经费审查审计监督，进一步扎紧制度笼子，严防工会经费使用管理上出现黑洞漏洞，决不能让工会经费和资产成为滋生腐败的土壤。各级工会切实加强对经审工作的领导，在组织建设、人员配备、经费保障等方面给予积极支持，为经审工作创造了良好环境。五年来，各级工会经审组织按照中国工会十六大确定的目标任务，紧紧围绕工会工作全局，认真履行审查审计监督职责，着力构建常态化经审监督体系，扎实推进审查审计全覆盖，不断深化改革创新，大力加强干部队伍建设，有效发挥经审组织在工会工作全局中的保障和监督作用。

（一）抓主责主业，服务工会工作全局更加有力。

各级工会经审组织主动适应党中央对审计工作的新要求和工会系统改革新形势，找准经审工作服务工会工作全局的切入点和着力点，认真履行审查审计监督职责，在保障工会经费资产安全完整、促进工会经济活动规范运行、推进工会系统党风廉政建设等方面发挥了积极作用。全面服务工会改革创新，不

断深化工会预算审查和预算执行情况审计，密切关注工会经费的存量和增量，关注工会经费支出方向和结构，促进工会经费进一步向基层倾斜，向服务职工倾斜。全面服务工会重点工作，开展困难职工帮扶资金、劳模“三金”等专项资金的审计监督，参与中央财政帮扶资金专项检查，促进专项资金专款专用，推动精准帮扶工作落到实处。推进工会系统党风廉政建设，参与工会系统落实中央八项规定精神监督检查和对有关地方专项整治检查工作，强化对“三公”经费、会议费、培训费、津贴补贴、集中采购等方面资金的审计，促进厉行节约和规范管理。接受组织部门委托对工会企事业单位主要负责人开展经济责任审计，督促领导干部更好地履职尽责。

（二）抓审查审计全覆盖，监督效能明显提高。

各级工会经审组织认真贯彻落实中办国办《关于完善审计制度若干重大问题的框架意见》及相关配套文件精神，在对本级工会预决算进行审查的同时，扎实推进工会内部审计监督全覆盖。全总经审会对本级及直属企事业单位做到每年必审，对省级工会“五年审一次，一次审两年”，取得了良好成效。不少省市级工会实行了对下审计年度全覆盖、不留空白点。五年来，全国县以上工会有 2407 家开展了本级审计工作，有 2011 家开展了下审一级工作，五年累计下审 14.12 万项次；全国县以上工会共审计出少、漏、欠拨工会经费 18.57 亿元，补交入库 10.48 亿元；送审建设项目 6463 项，核减金额 10.58 亿元；提出审计意见建议 18.31 万条。一些省级工会还积极开展了对县级工会的延伸审计，监督力度进一步加大。为强化审查审计监督效果，各级工会经审会建立健全了审计回访、审计整改督查等制度，督促和帮助被审计单位落实整改意见，及时解决工作中存在的问题。截至 2018 年 6 月底，已整改落实审计意见建议

15.78 万条。

（三）抓机制保障，常态化经审监督体系初步形成。

各级工会经审组织积极探索经审体制机制创新，在国家审计机关的指导下，积极整合监督力量，初步形成了以国家审计为指导、以工会经审组织为主体、以社会审计为补充、以职工会员监督为基础的常态化经审监督体系。各级工会经审组织充分发挥主体作用，强化对本级及直属企事业单位经济活动的监督，全面开展对下级工会预算执行情况的审计，通过充实经审工作力量，优化专业结构，严格审计项目管理等，不断提高经审工作质量和效果。积极配合国家审计监督，加强工作沟通协调，充分利用国家审计成果，推动工会经费资产管理使用制度化规范化。建立特邀审计员队伍，积极引入社会中介机构参与工会审计工作。全总经审会制定了《关于聘请社会中介机构参与审计工作管理办法》，进一步规范了社会中介机构选聘使用、工作考核、责任追究等。不断创新职工会员监督的方式和途径，在督促基层工会推行工会经费预决算公开的同时，积极探索开展审查审计结果公开制度，有效发挥了职工会员的民主监督作用。

（四）抓改革创新，经审工作重点难点问题有效破解。

各级工会经审组织认真贯彻落实工会系统改革任务要求，立足自身实际，积极探索、大胆实践，有效破解了制约经审工作创新发展的重点难点问题。着力创新审查审计工作制度，全总经审会推进以《中国工会审计条例》为基础的经审制度体系建设，修订下发了《工会预算审查监督办法》等多个制度文件，参与制定了《中华全国总工会关于加强工会财务管理、资产监督管理和经费审查审计监督的意见》，进一步规范审查审计行为，提高经审工作的法治化规范化水平。着力创新审查审计工作模式，各级工会普遍加强了对下级工会经审工作的指导监督，组织开展经审工作规范化建设考核和优秀审计项目评选等活动，不断提升经审工作的整体水平。部分省市县级工会还积极推行基层工会经审工作手册、审计模板、工作台账制度，对基层工会开展经审工作给予有力指导。着力创新审查审计技术和方法，一些省市级工会加大信息化手段运用，建立经审工作网络平台，实现了经审工作规范化建设情况实时考核和监督，开发并应用计算机辅助审计软件，提高了审计工作的时效性。

（五）抓自身建设，经审组织的能力和活力持续提升。

各级工会站在全面从严治党和加强党风廉政建设的高度，认真贯彻落实《中国工会章程》《中国工会审计条例》有关规定，坚持按照“三同时”原则建立健全经审组织，切实加强经审人才培养和干部队伍建设。全总党组为加强经审工作，批准全总经审办增加处室和人员编制。不少省级工会充分把握改革机遇，积极争取同级党委支持，配齐配强各级经审会办事机构和工作人员，为有效开展经审工作提供了坚强的组织和人员保障。目前，全国有 3051 家县以上工会建立了经审会，有 2486 家县以上工会设立了经审会办公室，有 188.76 万家基层工会建立了经审会。全国县以上工会共有专兼职经审干部 5990 人，其中具有中级以上会计、审计专业技术资格的 1291 人。各级工会经审组织按照《全国工会经审干部 2014—2018 年教育培训规划》要求，大力开展经审干部教育培训，积极搭建平台选派干部交流挂职，抽调干部参与上级工会或政府审计项目，经审干部综合素质和专业化水平明显提高。

工会经审工作成绩的取得，是各级工会正确领导的结果，是各级工会经审组织和广大经审干部共同努力的结果。五年来的工会经审工作实践带来了一些重要启示：一是必须始终自觉接受党组织对工会经审工作的领导，积极争取各级工会领导班子对经审工作的重视、支持和指导，把加强经审监督作为工会系统落实全面从严治党要求和加强党风廉政建设的重要内容，不断优化经审工作环境；二是必须自觉把经审工作放到工会工作全局中去认识和把握，在监督中服务，在服务中监督，积极发挥经审组织的保驾护航作用；三是必须坚持顶层设计与实践探索相结合，在积极构建常态化经审监督体系的大框架下，不断探索总结符合工会工作实际的审查审计监督方式方法，确保经审监督取得实效；四是必须依法履行审查审计监督职责，找准审计定位和角度，恪守经审工作的职责边界，努力实现有深度、有重点、有步骤、有成效的审查审计全覆盖；五是必须切实转变工作作风，加强调查研究和理论研究工作，努力破解经审工作重点难点问题，以理论创新、制度创新、实践创新推动经审工作全面发展。

在看到成绩的同时，我们也清醒地认识到当前经审工作仍面临一些问题、困难和挑战：有的工会组织和经审组织对主体责任和监督责任的认识还不到位，存在一般化形式化的问题，经审工作的权威性和相对独立性有待加强；经审组织建设和干部配备需进一步加强，特别是县级及以下工会经审组织力量与监督任务不匹配；经审干部队伍素质、专业能力和审查审计技术方法等还不适应形势发展需要，经审工作的信息化水平还不高，工作效率和质量与目标要求还有差距；审查审计结果运用还不充分；经审制度建设和理论研究相对滞后，对实践的引领和指导作用还没有充分发挥。这些问题需要我们高度重视，在今后的工作中认真研究解决。

三、今后五年工会经审工作建议

党中央高度重视审计工作，就加强审计工作作出了一系列重大决策部署，特别是党的十九大以来，改革审计管理体制，组建了中央审计委员会。习近平总书记在中央审计委员会第一次会议上的重要讲话，从新时代党和国家工作大局出发，深刻阐述了审计工作一系列根本性、方向性、全局性问题，为新时代工会经审工作指明了前进方向，提供了根本遵循。各级工会经审组织和广大经审干部要以高度的政治责任感和历史使命感，把思想和行动统一到习近平总书记重要讲话精神上来，依法全面履行审查审计监督职责，努力开创新时代工会经审工作新局面。

今后五年工会经审工作的总体要求是：全面贯彻党的十九大精神，以习近平新时代中国特色社会主义思想为指导，坚持走中国特色社会主义工会发展道路，按照中国工会十七大确定的目标任务，围绕中心、服务大局，坚持改革、勇于创新，全面履行审查审计监督职责，深入推进常态化经审监督体系建设，不断提高审查审计监督效能，继续强化审查审计结果运用，切实加强经审干部队伍建设，展现新形象、推出新举措、彰显新作为，更好地发挥经审工作的积极作用。

（一）提高政治站位，切实加强党对工会经审工作的领导。

各级工会要站在政治和全局的高度，充分认识新时代工会经审工作的重要作用，切实加强对经审工作的领导，把经审工作纳入工会整体工作格局中同部署、同推进。要定期听取经审工作汇报，加强对经审工作规划、年度审查审计计划、审计质量控制、问题整改和队伍建设等重要事项的领导，为经审工作创新发展提供必要的人力财力物力保障。各级工会经审组织要始终坚持党的领导，确保正确政治方向，牢固树立“四个意识”，坚定“四个自信”，坚持以习近平新时代中国特色社会主义思想为指导，推动经审工作不断取得实效。要认真落实党中央对审计工作的部署要求，紧密结合党和国家工作大局以及工会工作全局，科学谋划和开展经审工作。要严格执行请示报告制度，经审工作重要事项要及时向同级工会党组、领导班子请示报告。

（二）强化使命担当，忠诚履行新时代工会经审工作的职责和使命。

各级工会经审组织要进一步增强做好新时代工会经审工作的使命感、责任感和紧迫感，聚焦主责主业，切实担负起经审工作的职责和使命。要聚焦职工群众对美好生活的向往，不断深化预决算审查审计，加强支出预算和政策落实情况审查监督，密切关注工会经费的存量和增量资金，促进工会经费资产使用提质增效。要聚焦城市困难职工解困脱困，统筹协调各层级审计资源联审互审，用一到两年时间对困难职工帮扶、送温暖等资金集中开展专项审计，促进精准帮扶、规范管理。要坚持问题导向、突出审计重点，加大对重点领域、重点项目和重大资金的审计力度，加大对工会领导干部履行经济责任情况的审计力度，促进权力规范运行。要认真贯彻中央八项规定及其实施细则精神，持续关注“三公”经费、会议费、培训费、津贴补贴等管理使用情况，促进工会系统党风廉政建设。要加大对工会经济活动运行中各类风险隐患揭示力度，注重揭示体制机制制度性问题，提出解决突出问题和推动长远发展的建议，促进工会系统深化改革。

（三）坚持审查审计全覆盖，深入推进常态化经审监督体系建设。

各级工会经审组织要认真贯彻党中央决策部署和全总的各

项要求，努力实现届期内有重点、有步骤、有深度、有成效的审查审计全覆盖，做到应审尽审、凡审必严。要不断拓展工会经审工作的广度和深度，全总和具备条件的地方、产业工会要积极引入嵌入式审计理念，加强事前事中监督，将经审监督贯穿于工会经济活动的全过程，不断提高经审工作的效能和水平。要依法接受国家审计机关的监督和指导，积极引入社会中介机构、特邀审计员参与工会经审工作，进一步健全招标引入机制、质量评价机制和动态调整机制。要积极推动审查审计结果向职工会员公开，切实发挥职工群众民主监督作用。要建立健全审计发现问题整改机制，落实被审计单位是审计整改主体，被审计单位主要负责人是审计整改第一责任人，督促被审计单位认真整改落实审计发现的问题和提出的建议，促进健全相关管理制度和内控措施。要将审查审计结果及整改情况作为考核、任免、奖惩干部和相关决策的重要依据，不断提高审查审计结果综合运用水平。要加强经审组织与纪检监察、巡视巡察、组织人事等部门的协作配合，逐步形成全方位、宽领域、多维度、常态化的工会经审监督体系新格局。

（四）勇于改革创新，切实提升工会经审工作整体水平。

各级工会经审组织要坚持解放思想、与时俱进，不断推进经审工作机制和方式方法的创新。要大兴调查研究之风，切实加强经审理论研究工作，及时总结推广先进经验，积极破解重点难点问题，以理论创新带动制度创新、工作创新。要修订完善《中国工会审计条例》及相关配套制度文件，从制度层面进一步明确经审组织建设、人员配备、审计质量控制和审查审计结果运用等，不断提升经审工作的科学化制度化规范化水平。要坚持科技强审，积极推广计算机审计、大数据审计等先进审计技术方法，提高运用信息化技术查核问题、评价判断和分析问题的能力，不断提升工会审计工作效率和质量；积极规划构建全国工会经审工作平台，将经审工作规范化建设考核内容统一纳入工作平台，不断提高指导服务工作的针对性和时效性。要创新经审工作管理机制，进一步强化上级经审会对下级经审会的工作指导和监督，对涉及全系统的重大审计项目，要统一调度各级工会经审资源，发挥监督合力。对经审工作比较薄弱、职能作用发挥较差的单位，上级经审组织要通过增加审计频次、加大审计力度等方式方法推动工作的正常开展。

（五）恪守立身立业立信，持之以恒推进经审干部队伍建设。

各级工会要着力加强经审干部队伍建设，以审计精神立身，以创新规范立业，以自身建设立信，夯实经审事业长远发展根基。要坚持按照《中国工会章程》《中国工会审计条例》有关规定，健全完善经审组织建设和工作机构设置，配齐配强经审干部，不断优化经审委员和经审干部专业结构，夯实经审专业力量。特别要加强对县级及以下工会经审工作和队伍建设的指导，探索建立更加积极开放的人才政策，进一步扩大经审组织和经审工作的有效覆盖。要强化政治建设，以政治建设为统领，教育引领经审干部筑牢理想信念的堤坝，树立正确的世界观、人生观、价值观，自觉在思想上政治上行动上与党中央保持高度一致，认真贯彻落实党中央各项决策部署，把坚定理想信念、对党忠诚体现在做好本职工作上。要强化能力建设，积极引导经审干部提升专业能力和专业精神，科学制定培训规划，采取集中培训、以审代训、业务交流等方式分层分类开展教育培训，破解人员素质与工作要求不相适应的难题。要强化作风建设和廉政建设，切实增强经审干部的责任意识和担当精神，加强岗位廉政教育和职业道德教育，严格落实中央八项规定及其实施细则精神，严格执行审计“八不准”工作纪律和各项廉洁纪律，努力建设一支信念坚定、业务精通、作风务实、清正廉洁的高素质专业化经审干部队伍。

各位代表，同志们，新时代，新使命，新征程，新作为。我们坚信，在中华全国总工会的坚强领导下，在各级工会的大力支持和广大经审干部的共同努力下，新一届全总经审会一定能够不忘初心，牢记使命，开拓创新，锐意进取，不断开创新时代工会经审工作新局面。

中国工会第十七次全国代表大会代表提案审查情况的报告

（2018年10月26日）

为充分发挥工会全国代表大会代表在推进工会工作中的重要作用，进一步密切工会组织与广大职工群众的联系，及时反映涉及职工群众切身利益和工会工作的意见和建议，根据《工会全国代表大会代表、全国总工会执行委员会委员提案办理办法（试行）》（总工发〔2016〕23号，以下简称《办法》），全国总工会开展了中国工会第十七次全国代表大会代表提案征集工作，现将有关情况报告如下。

全总党组、书记处高度重视大会提案工作。全总党组书记、副主席、书记处第一书记李玉赋就做好代表提案工作作出重要指示。中国工会第十七次全国代表大会筹委会会务秘书组多次召开会议，听取关于代表提案征集工作的汇报并研究相关情况。邓凯、尹德明等全总领导同志也分别对代表提案工作提出了明确要求。

2018年8月9日，全总办公厅下发了《关于协助做好中国工会第十七次全国代表大会代表提案征集工作的通知》，对大会提案征集工作作出部署。各省、自治区、直辖市总工会，中华全国铁路总工会、中国民航工会全国委员会、中国金融工会全国委员会，中央和国家机关工会联合会筹备组接到通知后积极行动，广大代表踊跃参与，围绕做好新时代职工群众工作，更好地发挥工会组织职工、引导职工、服务职工、维护职工合法权益作用，在深入调研、充分论证的基础上建言献策。

截至2018年10月10日，共收到代表提案383件，其中联名提案88件。从具体内容看，工会自身建设类91件，占提案总数的23.8%；职工宣传教育类46件，占提案总数的12%；劳动和技能竞赛类54件，占提案总数的14.1%；职工权益保障类46件，占提案总数的12%；职工联系服务类64件，占提案总数的16.7%；劳动关系协调类23件，占提案总数的6%；经费资产管理类45件，占提案总数的11.7%；其他14件，占提案总数的3.7%。

代表提案选题准确、针对性强，提出的意见建议主要集中在以下几方面：深入学习宣传贯彻习近平新时代中国特色社会主义思想和党的十九大精神，团结引领广大职工在改革开放新时代中建功立业；立足新时代新要求，继续深化工会改革创新，加强工会组织自身建设特别是基层工会建设；推动产业工人队伍建设改革，推动我国经济高质量发展；着眼经济新常态新形势，关注互联网经济新业态，切实有效维护职工合法权益；大力弘扬劳模精神和工匠精神，深入开展劳动和技能竞赛，顺应新时代职工队伍变化和需要，以改革创新的精神，更好地服务广大职工群众。

代表提案有以下几方面特点：一是组织领导坚强有力，广大代表参与踊跃。各单位高度重视提案工作，认真组织开展提案征集，全国35个代表团的代表都提交了提案，平均每个代表团提交约11份，许多代表积极以个人名义或联名形式提交提案。二是提案意见建议质量较高，涵盖工会工作各方面。代表们认真调研，广泛听取职工和群众意见建议，反复起草修改形成了提案，并由各单位认真遴选后统一提交大会。提案内容涉及工会工作的方方面面，既有宏观层面完善制度机制的意见建议，又有具体工作领域改革创新的意见建议；既有团结引导广大职工建功立业的意见建议，又有做好职工维权服务的意见建议，一些提案体现出较强的专业性。三是立足工会职能定位，聚焦新时代工会工作重点。整体上来看，提案都能立足工会职能，着眼新时代工运事业发展，所提出的意见建议普遍围绕夯实工会基层组织建设、强化宣传教育引领、开展劳动和技能竞赛、推进智慧工会建设、创新服务职工体系、加强协调劳动关系机制建设、改进文化阵地建设和经费资产管理等工会重点工作。四是调研思考比较深入，提案建议针对性强。提案普遍在充分调研论证的基础上，针对具体问题，精心研提建议，有情况、有问题、有分析、有依据、有建议，内容丰富，实事求是，反映了职工生产生活和工会工作中的新情况新问题，体现了广大职工群众的意愿呼声，具有较强的针对性和可操作性。

代表大会闭幕后，全总将按照《办法》规定，及时召开代表提案交办会，部署提案办理工作，将提案送交相关承办单位办理。对属于工会业务的事项，送交全总有关部门、有关全国产业工会、中央和国家机关工会联合会筹备组和相关省、自治区、直辖市工会办理，同时要求承办单位按照规定时间和程序进行办理并出具正式答复意见。对需要国家立法、行政机关支持的事项，承办单位将积极与相关单位联系沟通，推动相关工作，并将联系沟通和办理进展情况及时向提案人反馈。同时，全总办公厅将对各承办单位办理代表提案工作情况加强督查，适时将代表提案办理情况向全总书记处汇报。

中国工会第十七次全国代表大会关于中华全国总工会第十六届执行委员会报告的决议

（2018 年 10 月 26 日　中国工会第十七次全国代表大会通过）

中国工会第十七次全国代表大会审议并批准王东明同志代表中华全国总工会第十六届执行委员会所作的《以习近平新时代中国特色社会主义思想为指导　团结动员亿万职工为决胜全面建成小康社会　夺取新时代中国特色社会主义伟大胜利而奋斗》的报告。

大会认为，报告确定的主题阐明了新时代工会工作的指导思想、发展道路、使命担当和奋斗目标，适应新的形势发展，符合党的要求和职工的期望。报告全面贯彻党的十九大精神，以习近平新时代中国特色社会主义思想为指导，阐述了习近平总书记关于工人阶级和工会工作的重要论述的丰富内涵和实践要求，总结了过去五年工会工作取得的重要成就，提出了今后五年工会工作的主要任务，是指导新时代工会工作的重要文献。

大会高度评价党的十八大以来，在以习近平同志为核心的党中央坚强领导下，全国亿万职工为推进中国特色社会主义伟大事业作出的重要贡献。大会充分肯定了全国总工会第十六届执行委员会的工作，指出中国工会十六大以来，各级工会坚持以习近平新时代中国特色社会主义思想为指导，坚持走中国特色社会主义工会发展道路，牢牢把握为实现中华民族伟大复兴的中国梦而奋斗的工人运动时代主题，忠诚履职、积极作为，锐意改革、勇于创新，各项工作取得了显著成效，在党和国家工作大局中发挥了重要作用。大会强调，这些成就的取得，最根本就在于以习近平同志为核心的党中央坚强领导，在于习近平新时代中国特色社会主义思想的科学指引。

大会认为，习近平新时代中国特色社会主义思想，是全党全国各族人民为实现中华民族伟大复兴而奋斗的行动指南，是各级工会组织和广大工会干部的强大思想武器。大会指出，习近平总书记对党的工运事业和工会工作高度重视，围绕工人阶级和工会工作多次发表重要讲话、作出重要指示，深刻阐明了工会工作的地位作用、目标任务、实践要求，科学回答了工人阶级和工会工作的一系列方向性、根本性、战略性重大问题，形成了习近平总书记关于工人阶级和工会工作的重要论述。这些重要论述，是习近平新时代中国特色社会主义思想的重要组成部分，为新时代工运事业和工会工作创新发展指明了前进方向，必须长期坚持、全面贯彻。各级工会组织要立足新时代中国特色社会主义新方位、社会主要矛盾新变化、共建共治共享社会治理新格局、全面深化改革新阶段，把握工会组织新使命、新目标、新要求，努力开创新时代工会工作新局面。

大会同意报告提出的今后五年工会工作的主要任务。大会强调，要全面贯彻党的十九大精神，以习近平新时代中国特色社会主义思想为指导，深入学习贯彻习近平总书记关于工人阶级和工会工作的重要论述，引导广大职工和工会干部坚决维护习近平总书记党中央的核心、全党的核心地位，坚决维护党中央权威和集中统一领导，在思想上政治上行动上始终同以习近平同志为核心的党中央保持高度一致，始终坚持工会工作正确政治方向，切实承担起团结引导职工群众听党话、跟党走的政治责任。要牢牢把握我国工人运动时代主题，充分激发职工劳动热情和创造活力，团结动员广大职工以主人翁姿态建功新时代。要高举维护职工合法权益的旗帜，满腔热情做好服务职工工作，提高工会维权服务工作质量，切实提升职工群众获得感、幸福感、安全感。要牢牢把握工会改革部署要求，聚焦增强政治性、先进性、群众性，深化工会改革创新，增强工会工作的动力活力。要认真贯彻新时代党的建设总要求，以党的政治建设为统领，加强工会系统党的建设，为做好新时代工会工作提供坚强保证。

大会号召，各级工会组织和广大工会干部要更加紧密地团结在以习近平同志为核心的党中央周围，以习近平新时代中国特色社会主义思想为指导，坚定不移走中国特色社会主义工会发展道路，团结动员亿万职工凝心聚力、开拓进取，为决胜全面建成小康社会、夺取新时代中国特色社会主义伟大胜利、实现中华民族伟大复兴的中国梦而不懈奋斗！

中国工会第十七次全国代表大会关于《中国工会章程（修正案）》的决议

（2018年10月26日　中国工会第十七次全国代表大会通过）

中国工会第十七次全国代表大会审议并一致通过中华全国总工会第十六届执行委员会提出的《中国工会章程（修正案）》，决定这一修正案自通过之日起生效。

大会认为，中国工会十六大以来，在习近平新时代中国特色社会主义思想指引下，各级工会深入学习贯彻习近平总书记关于工人阶级和工会工作的重要论述，坚持走中国特色社会主义工会发展道路，把握为实现中华民族伟大复兴的中国梦而奋斗的工人运动时代主题，忠诚党的事业、竭诚服务职工，保持和增强工会组织和工会工作的政治性先进性群众性，工会工作和工会改革取得了重要成就。进入新时代，站在新的历史起点上，根据党的十九大通过的《中国共产党章程（修正案）》精神，依据十三届全国人大一次会议通过的《中华人民共和国宪法修正案》，按照《中华人民共和国工会法》的有关规定，对现行的《中国工会章程》进行适当修改，有利于更好地发挥工会章程的规范和指导作用，开创新时代工会工作新局面。

大会认为，《中国工会章程（修正案）》深入贯彻落实习近平新时代中国特色社会主义思想和党的十九大精神，贯彻落实习近平总书记关于工人阶级和工会工作的重要论述，贯彻落实中央党的群团工作会议精神，充分体现党的十九大确立的重大理论观点、重大战略思想和实践成果，充分体现中国工会十六大以来在以习近平同志为核心的党中央坚强领导下，工会工作和工会改革取得的理论创新、实践创新和制度创新成果。

大会认为，在工会章程中把习近平新时代中国特色社会主义思想确立为中国工会的指导思想，为推进新时代党的工运事业和工会工作提供了根本遵循。鲜明强调中国工会坚持自觉接受中国共产党的领导，增加工人阶级是中国共产党最坚实最可靠的阶级基础这一内容，明确中国工会承担团结引导职工群众听党话、跟党走的政治责任，中国工会的基本职责增写竭诚服务职工群众的内容，能够更好地把党的领导和党的意志贯彻落实到工会工作的各方面和全过程，始终坚持工会工作正确政治方向。强调中国工会落实新时代党的建设总要求，以党的政治建设为统领，对全面加强工会系统党的建设提出明确要求，为开创新时代工会工作新局面提供坚强的政治保证。

大会认为，增写我国工人运动时代主题，弘扬劳模精神、劳动精神、工匠精神，推进产业工人队伍建设改革，立足本职岗位建功立业，有利于团结动员广大职工以主人翁姿态建功新时代，为决胜全面建成小康社会、实现中华民族伟大复兴的中国梦凝聚磅礴力量。明确中国工会坚持服务职工群众的工作生命线，增加构建联系广泛、服务职工的工作体系，增强团结教育、维护权益、服务职工的功能，能够更好地维护职工合法权益，提高服务工作质量，保持和增强工会组织和工会工作的政治性先进性群众性。总结借鉴近年来工会工作和工会改革的新鲜经验，对会员的权利和义务、基层工会建设、工会干部队伍、工会经费、资产管理、经费审查监督等部分条文作出适当修改十分必要，对于深化工会改革创新，把工会组织建设得更加充满活力、更加坚强有力具有重要意义。

大会要求，各级工会组织和广大工会会员增强政治意识、大局意识、核心意识、看齐意识，坚定道路自信、理论自信、制度自信、文化自信，坚决维护习近平总书记党中央的核心、全党的核心地位，坚决维护党中央权威和集中统一领导，在思想上政治上行动上同以习近平同志为核心的党中央保持高度一致，高举习近平新时代中国特色社会主义思想伟大旗帜，更加自觉地学习章程、遵守章程、贯彻章程、维护章程，加强自身建设、履行使命担当，凝心聚力、开拓进取，为决胜全面建成小康社会、夺取新时代中国特色社会主义伟大胜利、实现中华民族伟大复兴的中国梦而努力奋斗！

中国工会第十七次全国代表大会关于中华全国总工会第十六届执行委员会财务工作报告的决议

（2018年10月26日　中国工会第十七次全国代表大会通过）

中国工会第十七次全国代表大会审议并批准焦开河同志代表中华全国总工会第十六届执行委员会所做的财务工作报告。

大会认为，五年来，各级工会坚定不移地走中国特色社会主义工会发展道路，在工会财务管理和改革中，紧紧围绕党和国家工作大局和工会工作全局，以工会改革为契机，深化财务体制改革，创新工作机制，完善财务管理制度，统筹经费保障，优化支出结构，为工会各项工作的顺利推进提供了强有力的资金和物质保障，工会服务职工的能力显著提升。

大会要求，各级工会要坚持以习近平新时代中国特色社会主义思想和党的十九大精神为指导，牢牢把握工会财务工作正确政治方向；加强工会经费收缴，积极争取政府资金支持，夯实工会服务职工群众的物质基础；坚持以竭诚服务职工为宗旨，构建工会经费普惠职工的保障机制；深化工会财务改革，强化监督检查，完善工会财务工作机制，全面提升工会财务工作水平，努力为新时代工会工作创新发展提供服务和保障。

中国工会第十七次全国代表大会关于中华全国总工会第十六届经费审查委员会工作报告的决议

（2018年10月26日　中国工会
第十七次全国代表大会通过）

中国工会第十七次全国代表大会审议并批准李晓钟同志代表中华全国总工会第十六届经费审查委员会所作的工作报告。

大会认为，五年来，各级工会经审组织认真学习贯彻党的十八大、十九大精神，学习贯彻中央党的群团工作会议精神和习近平总书记关于工人阶级和工会工作的重要论述，坚持走中国特色社会主义工会发展道路，按照中国工会十六大确定的目标任务，紧紧围绕工会工作全局，认真履行审查审计监督职责，着力构建常态化经审监督体系，扎实推进审查审计全覆盖，不断深化改革创新，大力加强干部队伍建设，有效发挥了经审组织在工会工作全局中的保障和监督作用。

大会要求，各级工会经审组织和广大工会经审干部要全面贯彻党的十九大精神，以习近平新时代中国特色社会主义思想为指导，坚持走中国特色社会主义工会发展道路，按照中国工会十七大确定的目标任务，围绕中心、服务大局，坚持改革、勇于创新，全面履行审查审计监督职责，深入推进常态化经审监督体系建设，不断提高审查审计监督效能，继续强化审查审计结果运用，切实加强经审干部队伍建设，展现新形象、推出新举措、彰显新作为，不断开创新时代工会经审工作新局面。

五年来工会工作的主要成绩

（2018 年 10 月）

中华全国总工会

中国工会十六大以来的 5 年，在以习近平同志为核心的党中央坚强领导下，各级工会高举中国特色社会主义伟大旗帜，以邓小平理论、“三个代表”重要思想、科学发展观、习近平新时代中国特色社会主义思想为指导，贯彻落实党的全心全意依靠工人阶级方针，坚定不移走中国特色社会主义工会发展道路，围绕中心、服务大局，广泛开展劳动和技能竞赛，推动产业工人队伍建设改革，不断提高职工队伍整体素质，维护职工合法权益，竭诚服务职工群众，积极构建和谐劳动关系，深化工会改革创新，全面加强工会系统党的建设，广泛开展对外交流合作，各项工作取得显著成绩。

一、深入学习宣传贯彻习近平新时代中国特色社会主义思想和党的十八大、十九大精神，始终坚持工会工作正确政治方向

各级工会紧跟党的事业前进步伐，积极引导广大职工自觉用习近平新时代中国特色社会主义思想武装头脑，不断增强政治认同、思想认同、情感认同，始终在思想上政治上行动上同以习近平同志为核心的党中央保持高度一致。

深入学习宣传贯彻习近平新时代中国特色社会主义思想和

党的十八大、十九大精神。党的十八大、十九大集中反映了包括亿万职工在内的全国各族人民的根本利益和共同愿望。各级工会坚持把学习贯彻党的十八大、十九大精神作为第一堂党课、第一堂政治必修课，紧紧围绕习近平新时代中国特色社会主义思想，在学懂弄通做实上下功夫，牢固树立“四个意识”，不断增强“四个自信”，坚决维护习近平总书记党中央的核心、全党的核心地位，坚决维护党中央权威和集中统一领导。全总第一时间下发学习通知，通过召开党组会议、机关党员干部大会、工会系统电视电话会议，举办全国工会专题培训班和机关干部研修班等进行传达学习，全总党组、书记处同志带头进行宣讲。各级工会高度重视，迅速行动，充分运用工会报刊、网站、“两微一端”等媒介，以专栏、专版、专题、专稿、专访、视频直播等多种形式，兴起学习宣传贯彻热潮。将学习贯彻习近平新时代中国特色社会主义思想和党的十八大、十九大精神与学习贯彻习近平总书记关于工人阶级和工会工作的重要论述结合起来，引导工会干部和广大职工坚定不移听党话、矢志不渝跟党走。

在广大职工中深入开展主题宣传教育活动。以“中国梦·劳动美”为主题，结合迎接党的十九大、纪念抗战胜利 70 周年、建党 95 周年、长征胜利 80 周年、建军 90 周年、改革开放 40 周年，深入开展“永远跟党走”“喜迎党的十九大”“砥砺奋进的五年”“圆梦中国人”“学习宣传贯彻习近平新时代中国特色社会主义思想和党的十九大精神”等主题宣传教育活动，吸引上亿职工参与。组织宣讲团、报告会、文艺巡回演出，运用企业内部报刊、闭路电视、网站和宣传栏、橱窗、活动室等载体，形成强大宣传声势，推动习近平新时代中国特色社会主义思想和党的十八大、十九大精神进企业、进车间、进班组。

总结职工书屋建设10周年经验，通过全国上万家职工书屋示范点、10余万家职工书屋，大力宣传党的理论和路线方针政策，传播先进文化。

牢牢掌握工会意识形态工作领导权。坚持把做好工会意识形态工作作为事关全局的重大政治任务来抓，旗帜鲜明地用马克思主义占领意识形态阵地，着力把握政治方向、增强政治定力，坚守主阵地、释放正能量。各级工会切实履行意识形态工作责任制，全总研究制定贯彻落实意识形态工作责任制的具体实施意见，压实属地管理和主管主办责任；全总各相关部门和单位建立起贯彻落实意识形态工作责任制的工作机制。2016年以来，全总党组定期开展专题督查，向党中央专题报告落实意识形态工作责任制情况。加强工会意识形态阵地管理，开展全总主管期刊的审读工作，工会意识形态工作得到进一步加强。

以理论创新推动实践创新、制度创新。各级工会按照党中央对工会工作提出的新要求，探索新时代党的工运事业和工会工作的特点规律，把握新时代社会主要矛盾的变化，分析不平衡不充分发展在职工队伍、劳动关系和工会工作中的特征表现，摸清新技术条件、新生产方式、新企业组织形式下职工权益实现状况，开展创新群众工作体制机制和方式方法、增强政治性先进性群众性重大课题研究，不断推进工会理论创新。加强对习近平总书记关于工人阶级和工会工作的重要论述、关于群团工作和群团改革重要指示精神的学习和研究。编写出版《新时代新使命新作为——深入学习贯彻习近平总书记关于工人阶级和工会工作的重要论述》《党的十九大精神职工学习问答》等书籍。大兴调查研究之风，持续开展深入广泛的调查研究活动，俯下身、沉下心、走基层，察实情、出实招、真办事。2017年开展第八次全国职工队伍状况调查，聚焦职工队伍发展变化的新情况、新趋势、新特征，分析研究职工队伍建设遇到的重大理论和实践问题，为推进工会改革创新、增强工会活力提供实证支撑。

二、团结动员亿万职工充分发挥主力军作用，为决胜全面建成小康社会作出重要贡献

广大职工以高度的主人翁责任感和历史使命感，始终走在时代前列，踊跃投身改革发展，用劳动筑梦，以实干圆梦，为推进中国特色社会主义伟大事业作出了不可磨灭的历史贡献。

组织动员广大职工开展劳动和技能竞赛。制定印发《中华全国总工会2016—2020年劳动和技能竞赛规划》，紧紧围绕“一带一路”建设、京津冀协同发展、长江经济带发展等国家重大战略，以“当好主力军、建功‘十二五’”“践行新理念、建功‘十三五’”“当好主人翁、建功新时代”为主题，开展全国引领性劳动和技能竞赛。各地竞赛领域不断拓宽、内涵不断丰富、方式不断创新、机制不断完善，在推动国家经济社会发展中发挥了重要作用。在金沙江水电开发、港珠澳大桥等工程建设中开展重大工程劳动和技能竞赛；在上海浦东新区、天津滨海新区等8个国家级新区开展了促进区域发展劳动和技能竞赛；开展了多种形式的职工节能减排活动和以创建“工人先锋号”为载体的班组竞赛活动。主办第四届、第五届、第六届全国职工职业技能大赛，参与主办3届全国数控技能大赛、全国智能制造应用技术技能大赛、第二届全国工业机器人技术应用技能大赛，推动和指导京津冀技能大赛。5年来，各级基层以上工会开展技能比赛吸引1.41亿人次职工参赛，581.3万人次的职工通过技能比赛提升技术等级。5年来，全国基层企事业工会开展劳动和技能竞赛的有488.1万家，参加竞赛的职工

有5.2亿人次。广大职工焕发出火热的劳动激情和巨大的创造活力，展现出创业创新创优的时代风采和精神风貌。

广泛开展群众性经济技术创新活动。各级工会围绕创新驱动发展战略和《中国制造2025》，广泛开展合理化建议、技术攻关、技术革新、发明创造等群众性经济技术创新活动，组织动员职工在建设创新型企业和创新型国家中发挥作用，进一步夯实“大众创业、万众创新”的群众基础。5年来，全国职工提出合理化建议6224.6万件，已实施合理化建议3634.2万件，技术革新项目349.0万项，发明创造项目111.7万项，推广先进操作法的项目有99.1万项。举办创业创新国际博览会，组织开展全国职工创新成果评选表彰。5年来，职工技术创新成果获得国家专利项目70.6万件，荣获国家级奖项144项，省部级奖项6343项。由全国总工会推荐的一线技术工人的技术创新成果，7项荣获国家科技进步奖；3名技术工人获得首届全国创新争先奖状；1项职工发明专利获中国专利奖金奖。各级工会着力推动设立职工创新补助资金，支持职工技术创新项目90个。

三、充分发挥工会“大学校”作用，促进职工队伍整体素质全面提升

各级工会着眼于加快建设人才强国和实施创新驱动发展战略，把提高职工技术技能素质摆在重要战略位置，强化技术技能人才对发展的重要支撑作用和对科技创新的核心作用，通过积极推进产业工人队伍建设改革，着力打造一支有理想守信念、懂技术会创新、敢担当讲奉献的宏大的产业工人队伍。

积极推进产业工人队伍建设改革。根据党中央部署，全总牵头，会同有关部门起草《新时期产业工人队伍建设改革方案》。中共中央、国务院颁布《改革方案》后，全总迅即全方

位、多频道同步开展宣传工作，在《人民日报》、求是杂志、《工人日报》等报刊上密集推出答记者问、评论员文章、署名文章，出版详细解读图书，在主流媒体和新兴媒体开设专题专栏，广泛宣传党中央推进产业工人队伍建设改革的决策部署，引导全社会关心支持和参与产业工人队伍建设改革，掀起了学习宣传贯彻《改革方案》热潮。按照《改革方案》要求，全总认真履行牵头职责，积极主动与相关部委沟通协商，一道扎实做好对推进产业工人队伍建设改革的宏观指导、政策协调、组织推进和督促检查工作。各省（区、市）工会积极推动党委、政府抓好贯彻落实《改革方案》工作，普遍制定出台贯彻落实《改革方案》的实施方案或意见，一些省（区、市）成立了由党委领导同志任组长的协调小组，切实加强对这项工作的组织领导和推动实施，凝聚了推进产业工人队伍建设改革的整体合力。全总和人社部共同研究起草，中办、国办印发《关于提高技术工人待遇的意见》，国务院印发《关于推行终身职业技能培训制度的意见》。5 年来，产业工人队伍不断壮大、整体素质明显提高，保障产业工人地位的制度更加健全，产业工人合法权益进一步实现，劳动光荣、技能宝贵、创造伟大的时代风尚更加浓厚。

大力弘扬劳模精神、劳动精神、工匠精神。各级工会用劳模的干劲、闯劲、钻劲激励广大职工争做新时代的奋斗者。在劳模选树、评选表彰工作中，认真履行规定程序、严把人选审查推荐关，切实做到公开公平公正，确保推荐人选质量，顺利完成 2015 年党中央、国务院表彰的 2968 名全国劳动模范和先进工作者推荐工作。5 年来，全总共授予全国五一劳动奖状 1428 个、全国五一劳动奖章 5044 个、全国工人先锋号 5013 个。结合劳模评选，遴选重点宣传典型劳模，充分利用主流媒体和移动互联网全媒体，讲好劳模故事和工匠故事，营造劳动光荣的社会风尚和精益求精的敬业风气。切实关心关爱劳模，共组织29349名劳模参加疗休养活动，发放全国劳模专项补助资金13.386亿元。开展深化劳模和工匠人才创新工作室创建活动，县级及县级以上地方工会命名劳模创新工作室1.8万家，为劳模和工匠人才传播劳动技能、创新方法、管理经验搭建了平台。总结推广劳模示范岗、劳模大讲堂、劳模志愿服务队等经验，在《人民日报》《工人日报》推出专版专栏持续宣传阐释工匠精神，与中央电视台合作推出6季《大国工匠》和8集《大国工匠》专题片，宣传大国工匠48名；与国家网信办联合开展“中国梦·大国工匠篇”大型主题宣传活动。连续5年举办“中国梦·劳动美”庆祝“五一”国际劳动节特别节目，累计收看人次超过7亿。联合教育部开展“大国工匠进校园”活动，举办了13场示范性活动，组织大国工匠与职校师生面对面交流，并将活动向省市延伸。组织开展“身边的大国工匠”推荐学习活动，各地累计推荐身边工匠人才万余名，形成了学习大国工匠、争当大国工匠的浓厚氛围。

大力提升职工技术技能素质。实施职工素质建设工程五年规划，制定下发意见，明确要求各级工会把普遍提高技术工人技能素质与培养高技能创新领军人才相结合，创新载体和方式，培养造就更多的大国工匠，建设知识型、技能型、创新型的技术工人队伍。5年来，全国选树技能带头人271.1万人，师徒结对345.8万对；各级工会组织技术培训班38.2万场次，培训职工3463.8万人次，其中444.3万人次提升了技术等级。30个省级工会开展工匠人才培养选树工作，选树省级工匠人才2012名。开展农民工“求学圆梦行动”，已有40.6万名农民工提升学历水平。推动完善现代职业教育制度，改革职业技能培训制度，改进产业工人技能评价方式，统筹发展好职业院校教育和职业培训，推动产教融合协同育人工作向更大范围拓展。依托企业建设一批产业工人技能实训基地，引导企业加大在岗培训力度，发挥劳动模范、大国工匠等高技能人才传帮带作用，不断增厚企业人力资本，着力畅通产业工人职业发展通道，让广大产业工人把终身学习化为自觉行动，为支撑中国制造、中国创造，推动经济高质量发展，源源不断输送高技能人才。

在广大职工中培育和践行社会主义核心价值观。推动全总《关于在广大职工中培育和践行社会主义核心价值观的实施意见》的贯彻落实。以制定加强和改进产业工人思想政治工作的意见为牵引，创新思想政治工作思路理念和形式载体，通过开设专版、专栏、专题，推出出版物和微感言、微故事、微视频、随手拍、拍摄公益广告等方式，充分运用“互联网+”“两微一端”等新载体，推动思想政治工作融入日常、做到经常。在职工中进行爱岗敬业、甘于奉献的职业精神教育，引导和培育健康文明、昂扬向上的职工文化。开展全国职工职业道德建设评选表彰活动，共评选表彰全国职工职业道德建设标兵单位 60 个、标兵个人 60 名。配合中宣部、中央文明办，做好第六届全国道德模范评选表彰工作，连续 4 年共联合发布宣传 51 名全国“最美职工”，广泛开展“培育好家风——女职工在行动”主题实践活动，深入推进家庭文明建设，充分发挥女职工在家庭文明建设中的独特作用。积极培育叫响职工志愿服务品牌，广泛开展学雷锋志愿服务活动，联合开展 2016 年、2017 年宣传推选学雷锋志愿服务“四个 100”先进典型活动，引导广大职工争做雷锋精神和中华民族传统美德的传承者。截至 2016 年底，全国职工志愿服务人员注册人数超过 280 万人，职工志愿服务队伍注册达 300 支以上。

引导职工群众尊法学法守法用法。各级工会围绕全面依法治国基本方略，大力推进实施“六五”“七五”普法规划，坚持面向基层，加大普法力度。利用国家宪法日和法律宣传月、宣传周、纪念日等活动和形式，广泛开展全国职工法律知识竞赛、演讲比赛、文艺展演展播和文艺下基层等法律普及活动，推动法治文化发展，工会干部以法治思维和法治方式开展工作的能力得到增强，广大职工法治意识和依法维权能力得到提升。充分利用新媒体新技术打造工会系统普法宣传网络载体，综合运用网站、微信、微博、移动客户端等平台的法治宣传和服务功能，建设全方位全天候工会普法和法律服务网，切实增强工会普法工作的吸引力感染力影响力。目前，全国工会系统共建设普法网站或在网站开辟普法专栏 3303 个，开设普法微博或加载普法功能的微博 1085 个，开通专门普法微信或加载普法功能的微信公众号 1435 个。“六五”普法中，各级工会组织开展法治讲座、法律咨询、法律知识竞赛等活动 19.5 万场次，1.45 亿人次参与活动，发放各类普法宣传资料近 1 亿份。2017 年以来，全总联合教育部在全国范围内组织实施“尊法守法·携手筑梦”服务农民工法治宣传行动，联合司法部、全国律师协会开展“尊法守法·携手筑梦”服务农民工公益法律服务行动，现场法治宣传服务农民工 31.6 万人次，新媒体法治宣传服务 484.9 万人次，提供法律援助服务 83.9 万人次。

四、健全完善维权服务工作体系，切实履行工会基本职责

各级工会高举维护职工合法权益的旗帜，树立职工利益无小事理念，围绕职工最关心最直接最现实的利益问题开展工作，叫响做实“职工有困难找工会”，不断增强维权意识，提升服

务效能，以维权服务的成效打动人心、温暖人心、影响人心、赢得人心。

大力推动职工群众实现高质量就业。发挥全总作为国务院就业工作部际联席会议等成员单位的作用，参与完善落实积极的就业政策，切实做好供给侧结构性改革中职工劳动经济权益维护工作。参与化解过剩产能、深化国有企业改革、新就业形态等相关政策的研究和制定，先后参与《国务院关于进一步做好新形势下就业创业工作的意见》《关于在化解钢铁煤炭行业过剩产能实现脱困发展过程中做好职工安置工作的意见》等文件制定，对政策的实施开展跟踪调研，多途径多渠道反映职工利益诉求。进一步提升工会就业创业服务水平。制定《“十二五”工会促进就业工作的指导意见》，在全国范围内深入实施全国工会就业创业服务月、技能培训促就业、阳光就业等活动，完善京津冀蒙工会跨区域劳务协作，建立东北地区与东部地区对口就业合作机制，初步构建起区域间工会就业合作框架。各地工会积极开展“互联网+”工会就业服务模式探索，为职工群众搭建更便捷的就业创业平台，进一步扩大工会就业服务的覆盖范围。5 年来，各级工会组织专场招聘活动上万场，提供技能培训、职业介绍、政策宣传、创业扶持等就业服务达 3200 万人次，其中就业技能培训超过 1000 万人次。

积极参与深化收入分配制度改革。通过劳动关系三方机制、深化收入分配制度改革部际联席会议、全国人大财经委等平台，提交职工收入情况报告及政策建议，从源头上推动落实职工收入分配权益。制定下发《全国总工会关于工会积极参与深化收入分配制度改革工作的指导意见》，对工会参与深化收入分配制度改革工作作出具体部署。推动建立完善工资正常增长机制、工资分配宏观指导制度，促进收入分配格局合理有序。积极参与最低工资标准调整和实施的监督，促进低收入劳动者工资增长。“十二五”期间各地最低工资标准调整幅度基本达到了规划纲要提出的年均增长13%的目标。推进完善工资支付保障制度，努力解决工资拖欠问题，加大法律宣传、法律援助力度，有效维护了广大职工特别是农民工的劳动经济权益。

切实维护职工社会保障权益。在深入调查研究基础上，积极主动参与社会保障政策法规的制定和修改，推动社会保障制度完善和职工社会保障权益落实。先后参与《工伤保险条例》《失业保险条例》《企业年金办法》《住房公积金管理条例》《关于进一步做好建筑业工伤保险工作的意见》等政策法规的制定和修改。积极参与推进供给侧结构性改革过程中涉及职工社会保障和住房公积金等政策的研究制定，重点就降低企业社保负担和化解产能过剩过程中职工社会保障权益维护问题提出了意见。全总全程参与养老保险顶层设计和深化医药卫生体制改革相关工作，充分表达职工诉求，提出工会意见。各级工会加强与政府、企业等方面的沟通，通过加强宣传教育、开展联合检查等方式，有力地促进了社会保障政策法规的贯彻落实。

促进职工劳动安全和职业健康。通过参与《安全生产法》《矿山安全法》《中共中央、国务院关于推进安全生产领域改革发展的意见》《职业病防治法》《国家职业病防治规划（2016—2020年）》等80余部法律法规政策的制定修订，维护职工的劳动安全和职业健康权利。组织开展以“安康杯”竞赛为载体的群众性安全生产活动，开展隐患排查治理、班组安全建设、安全生产合理化建议、安全管理优秀成果展示、安全健康知识普及、安全技能培训和安全文化建设等活动，切实提高劳动保护成效。“安康杯”竞赛活动开展20年来，从最初的几千家企业、几百万职工，已发展到目前参赛企业达62.5万家，参赛职工达

1.2亿人次。工会劳动保护监督检查员队伍不断壮大，截至2018年6月底，各地区基层以上工会劳动保护监督检查员达20.1万名，各企事业单位设立劳动保护监督检查委员会116.0万个，工会小组劳动保护检查员227.6万名。配合做好全国“安全生产月”“安全生产万里行”《安全生产法》《职业病防治法》宣传周等主题活动，广泛开展形式多样的安全生产宣传教育活动。积极参加国家安全生产和职业病防治工作年度巡查、督查、考核工作，参加特别重大生产安全事故调查处理工作13起。5年来，各级工会参加安全生产检查3292.4万次，提出事故隐患和职业危害整改意见1482.6万条，参加职工伤亡处理73.8万件。积极推动企业建立重大隐患治理情况向负有安全生产监督管理职责的部门和企业职代会“双报告”制度，监督企业落实职工的知情权、参与权、表达权和监督权。推广应用工会参与职业病防治工作模式。推动建立健全职业病防治联席会议制度、应用职业安全卫生检查表、组建“联合职业安全卫生委员会”和推广职业病防治专项集体合同，开展职业安全卫生防护工具包项目试点推广。截至2017年8月，全国29个省份建立了省级职业病防治工作部门联席会议制度。高危行业劳动安全卫生专项集体合同覆盖范围不断扩大，合同质量逐步提升。

困难职工帮扶工作成效显著。先后参加《社会救助暂行办法》《慈善法》等有关社会救助、社会福利、社会公共服务方面的政策制度研究制定修订。加强困难职工帮扶与社会救助体系衔接，与民政部共同出台《关于加强工会组织与民政部门困难职工家庭数据比对和信息共享工作的通知》，将困难职工纳入政府救助覆盖范围。围绕全面建成小康社会的目标，以精准帮扶为重点，31个省级工会都制定了城市困难职工解困脱困的实施意见，帮助困难职工解困脱困。工会建档立卡的困难职工已经由2013年6月的489万户下降到2018年1月的247万户。送温暖、金秋助学、农民工平安返乡等帮扶工作品牌创新发展，实现送温暖日常化、经常化、常态化。5年来，全国工会共筹集送温暖资金202.2亿元，走访慰问企业103.41万家、走访职工家庭4152.9万户；共筹集金秋助学资金56.79亿元，发放助学款54.81亿元，资助困难职工和困难农民工子女286.92万人。拓展工会帮扶中心功能，与政府有关部门建立协同机制，政策帮扶、制度保障和社会资源服务相结合，将帮扶中心打造成普惠服务职工的枢纽型平台，推动改善职工群众特别是困难职工、农民工生活条件。全国工会困难职工帮扶（职工服务）中心筹集帮扶资金200.22亿元，帮扶困难职工3620.27万人次。

工会服务农民工工作持续向精准化方向推进。成立全总农民工工作领导小组，制定印发贯彻落实进一步做好为农民工服务工作的实施意见以及《农民工工作规划（2016—2020年）》等文件，把为农民工服务工作经费纳入项目预算管理。在全总十六届四次执委会议上，选举农民工巨晓林为全总兼职副主席。截至2018年6月，有4名农民工担任全总执委，北京等13个省（区、市）总工会配备了农民工兼职副主席，275名农民工当选全国劳动模范，862名农民工荣获全国五一劳动奖章。开展农民工入会集中行动，农民工会员已从2013年的1.08亿增加到2017年的1.4亿。各级工会充分发挥政府农民工工作议事协调机构作用，积极参与涉及农民工劳动经济权益的各项政策措施制定修改，表达工会关切和主张，推动相关法规政策和工作落实。全总积极参与《国务院办公厅关于全面治理拖欠农民工工资问题的意见》及其配套措施的制定工作，配合有关部门开展农民工工资情况专项检查，为1130.6万名农民工追回被拖欠工资及补偿金935.14亿元。地方工会将服务农民工触角不断向镇（街）总工会、开发区（工业园区）工会帮扶站（点）延伸。在开展“四季服务”及其他普惠服务活动时，高度关注农民工群体的需求，为他们提供力所能及的帮扶服务。5年来，各级工会在技能培训促就业活动中培训农民工464.42万人次，成功介绍258.18万人就业；帮助农民工平安返乡2049.8万人次，为农民工争取返乡补贴5.42亿元。2016年以来，据不完全统计，各级工会采取自建、共建等方式建设户外劳动者服务站点22235个，累计投入资金3亿多元，覆盖以农民工为主体的户外劳动者群体334.47万人。

充分发挥工会资产服务职工效能。各级工会按照工会资产“回归公益、聚焦主业、自主经营、依法监管”的工作要求，以突出工会资产公益性服务性为主线，坚持鼓励恢复重建、倡导维修改建、规范控制新建的工作方针，着眼盘活现有工会资产，推进工会阵地建设和功能性修复工作，强化工会资产服务基层、服务职工功能。出台《中华全国总工会关于加强和规范工人文化宫管理的意见（试行）》《中华全国总工会关于加强和规范工人疗休养院管理的意见（试行）》，在全国范围内集中开展工人文化宫、工人疗休养院清理整改工作，依法依规清理出租承包行为，恢复和拓展职工文化教育、疗休养服务项目，取得党政领导满意、工会组织满意、职工群众满意的成效。加强规范职工互助保障活动管理工作，研究制定《关于加强规范职工互助保障活动管理的意见》，推动职工互助保障活动健康发展。改革工会资产监督管理体制机制，推动工会资产实行全面统一监管，构建工会资产监管制度体系，管严用好工会资产阵地。加强工会本级企事业资产监督管理工作，坚持和完善经营业绩考核制度，指导帮助各企事业单位制定发展规划。积极稳妥推进工会系统经营类事业单位改革。5 年来，全国工人文化宫（俱乐部）、工人体育场馆共有 2.22 亿人次参加活动；工人疗休养院接待职工和劳模 1835.36 万人次；工会院校、职工学校和职工技能培训机构共培训各类职工 1445.29 万人次；职工互助保障组织共有入会职工 8600.69 万人次。

切实维护女职工合法权益和特殊利益。着力做好女职工就业创业服务，在“工会就业创业援助月”活动中设立家政服务招聘专场、举办月嫂职业资格培训班等，加大对下岗女职工就业援助和职业技能培训力度。广泛开展女职工维权行动月活动、普法宣传、女职工专项集体合同集中要约和监督检查等工作。探索适应不同行业区域、不同规模、不同所有制企业女职工专项集体合同运作模式。截至 2017 年 9 月，全国共签订女职工专项集体合同 136.6 万份，覆盖女职工 7999.9 万人。联合国家卫生计生委等 10 部门制定《关于加强推进母婴设施建设的指导意见》，推动职工子女托管服务、家政服务、企业性别平等机制建设和企事业单位女职工休息哺乳室建设等工作，切实帮助女职工解除后顾之忧。截至 2017 年 9 月，全国建立女职工休息哺乳室的基层企事业工会 29.6 万个，涵盖单位 62.3 万家，覆盖女职工 1849.4 万人。组织开展“女职工关爱行动”、姐妹献爱心、“三八”助单亲、子女助学等活动，加大对困难女职工的帮扶力度。开展女职工心理健康状况调查，深化“心理援助进企业”活动，加强对女职工心理疏导和人文关怀。

在脱贫攻坚中切实发挥作用。坚决贯彻习近平扶贫思想和中央决策部署，将脱贫攻坚作为重大政治任务，制定下发《中华全国总工会关于在脱贫攻坚中充分发挥工会作用的指导意见》，对各级工会参与脱贫攻坚进行部署，在打赢脱贫攻坚战中充分发挥工会组织作用。近年来，各级工会组织在贫困地区水利、交通、电力等重点项目建设和脱贫攻坚工程中，组织动员职工开展劳动和技能竞赛活动，在脱贫攻坚中建功立业，助力贫困地区经济社会发展。在有条件的贫困村、卫星工厂、扶贫车间、易地扶贫搬迁集中安置点组建工会，组织符合条件的贫困群众加入工会组织，通过帮扶救助和各类服务，帮助贫困人口稳定脱贫。通过召开动员会、发起倡议、印发文件等形式，组织动员各级劳模、先进集体通过产业扶贫、就业扶贫、教育扶贫、医疗扶贫和扶贫捐赠等方式，帮助贫困村和贫困群众脱贫。通过开展技能培训促就业行动、春风行动、农民工返乡创业行动等活动，为贫困地区农民工提供就业帮扶、创业扶持，帮助贫困地区农民工提升脱贫能力。

五、加大源头参与力度，积极推动构建和谐劳动关系

各级工会积极代表广大职工群众参与立法和政策制定，参与加强和创新社会治理，推动构建和谐劳动关系，促进实现社会公平正义，切实维护职工队伍和社会稳定。

推动涉及职工权益的立法和政策制定。重点围绕劳动就业、收入分配、社会保障、集体协商、企业民主管理等劳动和社会保障领域立法，深入开展调查研究，充分反映职工的诉求和工会的意见建议。5 年来，全总先后参与了近百项法律法规政策的制定与修改工作，如《中共中央、国务院关于构建和谐劳动关系的意见》《民法总则》《安全生产法实施条例》《人力资源市场暂行条例》《劳务派遣暂行规定》等。各级地方工会加大参与力度，积极拓宽参与渠道，结合本地实际，推动制定出台了一批保障职工和工会权益的地方性法规规章。5 年来，全国各级地方工会参与制定地方性法规、规章 1042 个，地方性规范文件

2616个。截至2017年底，全国各省（区、市）已经颁布了35部企业民主管理方面的地方性法规，30个省（区、市）人大或政府出台了41部集体协商地方性法规或政府规章，15个省（区、市）颁布了工资集体协商条例或政府规章，6个省出台了工会劳动法律监督专项地方性法规。工会参与立法工作的有效推进，从源头上维护了职工的合法权益，为工会维权服务工作提供了有力的法律保障。

推动健全社会主义协商民主制度。印发《中华全国总工会关于进一步完善政府和工会联席会议制度的意见》，推动完善政府和工会联席会议制度，通报各地政府与同级工会联席会议召开情况，召开政府与同级工会联席会议制度建设工作座谈会，进一步推动联席会议制度创新发展。全国31个省（区、市）建立了政府和工会联席会议制度，7个驻会全国产业工会与相关部委、相关产业局（行业协会或联合会）建立了联席会议制度。贯彻落实《企业民主管理规定》，制定《2014—2018年全国厂务公开民主管理工作五年规划》《2014—2018年职工代表培训规划》，按照“稳步推进、巩固提高、深化创新、持续发展”的总体要求，切实推动企业民主管理工作建制扩面、提质增效。截至2017年9月，全国建立职代会或职工大会制度的基层企事业工会有225.2万个，覆盖职工2.5亿人；实行厂务公开的基层企事业工会有220.0万个，覆盖职工2.4亿人。支持大型国有企业探索建立集团职代会，形成多层级职代会制度体系。制定《中华全国总工会关于深入推进非公有制企业民主管理工作的意见》，指导各地推进非公有制企业民主管理工作。推行区域（行业）职代会制度，不断扩大民主管理制度对小微企业的有效覆盖。指导各地开展创建厂务公开民主管理示范单位活动，总结和推广了以宝武钢铁集团公司、浙江传化集团有限公司、中国中铁集团等为代表的一大批全国企业民主管理先进典型，提升了各类企事业单位民主管理工作水平。制定《中华全国总工会关于加强公司制企业职工董事制度、职工监事制度建设的意见》，推动职工董事职工监事制度的规范运作，职工代表有序参与公司治理，建立完善中国特色现代企业制度。

推动集体协商制度提质增效。制定《深化集体协商工作规划（2014—2018 年）》和《关于提升集体协商质量增强集体合同实效的意见》，对进一步完善集体协商制度、丰富协商内容、增强协商针对性、提高职工满意度、推进行业协商提出明确要求。20 个省（区、市）将集体协商工作纳入地方党政目标考核体系，31 个省级协调劳动关系三方开展“联合行动”推进集体协商工作，建立健全集中要约、督促检查、考核评价、工作台账等制度。截至 2018 年 6 月，全国共签订集体合同 159.3 万份，覆盖企业 402.1 万个，覆盖职工 1.9 亿人。省、市、县三级集体协商指导员体系已经基本建成，截至 2017 年 9 月，全国专兼职指导员达到 4.7 万人，其中专职 7304 人。

推动协调劳动关系三方机制发挥作用。积极推动形成多层次、多形式的劳动关系三方机制体系，巩固和完善省（区、市）三方机制，大力推进地市、县三方机制建设，积极稳妥发展街道、乡镇、社区和工业园区三方机制。截至 2017 年 9 月，全国共有各级三方机制 22185 个，其中省级 32 个，地市级 364 个，县级 2564 个，街道、乡镇、村、社区、工业园区三方机制 15282 个。不断完善政府、工会、企业共同参与的协商协调机制建设，20 个省（区、市）成立了由同级政府领导担任主任的协调劳动关系三方委员会。建立工会劳动关系发展态势监测和分析研判机制，推动国家协调劳动关系三方对劳动关系发展态势开展定期研判。坚持把和谐劳动关系创建活动作为构建和谐劳动关系的重要载体，推动国家协调劳动关系三方开展全国模范劳动关系和谐企业和工业园区表彰。

扎实做好劳动争议预防和处理工作。全总会同人社部、中央综治办、最高人民法院等8部委共同下发《关于进一步加强劳动人事争议调解仲裁完善多元处理机制的意见》，积极构筑化解劳动争议的“第一道防线”。组织实施全国工会法律人才扶植培养财政资金项目，开展劳动关系协调员（师）专项培训，加强劳动争议调解员队伍建设，着力提升工会参与劳动争议处理工作能力。截至2018年6月，全国建立各类劳动争议调解组织99.8万个，担任兼职仲裁员的地方工会干部1.5万人。5年来，全国各类劳动争议调解组织受理劳动争议203.6万件。各地工会加强和完善与人社、司法、综治、人民法院等相关部门的协作配合机制，整合资源，多方联动，探索建立劳动争议预防化解联动机制，形成多主体、多方式、多层次的劳动人事争议多元处理格局，在化解劳动争议、维护职工权益和社会稳定等方面取得了明显成效。

加大工会劳动法律监督力度。各级工会认真履行劳动法律监督职责，工会劳动法律监督网络进一步健全。全总配合全国政协开展了“劳动法律法规贯彻执行情况”委员视察工作。各级工会通过发出工会劳动法律监督意见书和建议书，积极开展劳动用工法律风险体检活动，与政府有关部门密切配合，对企业用工管理、社保缴费、工资拖欠、劳动安全等方面开展专项检查，督促用人单位整改劳动违法问题，推进工会劳动法律监督工作制度化、规范化。截至2017年9月，全国建立工会劳动法律监督组织103.3万个，共有工会劳动法律监督员205.7万名，工会劳动保障法律监督员140.4万名。5年来，全国工会劳动法律监督组织受理违法、违规案件84.7万件。

坚决维护职工队伍和工会组织的团结统一。加强对供给侧结构性改革的政策阐释和措施解读，引导广大职工正确对待改革过程中利益关系和利益格局的调整，依法理性有序表达诉求，担当维护社会大局稳定的中流砥柱。强化协调联动，加强对劳动关系矛盾新情况新问题的调查研究、风险评估和会商研判，推进源头化解劳动关系矛盾工作，及时排查、有效化解劳动关系矛盾风险隐患。制定实施《全总领导批阅职工来信、接待职工来访包案处理职工信访案件办法》《工会信访情况通报制度》《工会信访工作责任制实施细则》等文件，工会信访工作专业化信息化法治化建设稳步推进，保持了劳动关系稳定向好的总体态势。

六、深化工会改革创新，进一步增强工会组织吸引力凝聚力战斗力

各级工会牢记忠诚党的事业、竭诚服务职工的职责使命，聚焦保持和增强政治性、先进性、群众性，推动工会系统改革自上而下、自下而上有机结合，从制约工会组织发展最突出的矛盾入手，从职工群众反映最强烈的问题改起，在重点领域和关键环节改革上持续用劲发力，形成全面改革效应。

推进工会改革试点工作。贯彻落实《中共中央关于加强和改进党的群团工作的意见》和中央党的群团工作会议精神，按照中央改革办要求，全总作为中央群团机关改革试点单位，围绕强化思想武装、认真查找问题、深入调研论证、精心研提措施、广泛征求意见等方面积极开展工作，认真研究制定《全国总工会改革试点方案》；加强组织领导，明确责任分工，有序有力有效推进改革试点工作，取得了重要阶段性成果，创造一批可复制可推广的经验。上海、重庆市工会作为地方群团改革试

点，如期顺利完成改革试点任务。习近平总书记主持召开中央全面深化改革领导小组第三十二次会议，听取全国总工会等改革试点工作总结报告，对试点工作给予充分肯定。通过召开工会系统改革工作推进会，下发指导文件，举办工会系统改革创新专题研讨班，对工会系统全面推进改革创新进行部署，地方和基层工会改革稳步推进。截至2017年底，31个省（区、市）总工会参照全总改革试点方案，均已制定了改革方案，工会系统改革创新全面展开。

充分发挥党组织领导核心作用。把加强党的领导、推进党的建设、全面从严治党作为改革重要内容，认真贯彻落实党中央全面从严治党各项部署要求，确保中央政令畅通。健全全总党组向党中央请示、报告重要工作制度，制定全总党组向中央报告重要工作情况的报送清单，切实做到职工队伍重大情况、工会重要工作第一时间向党中央请示、报告。完善工会受同级党委和上级工会双重领导体制，积极主动加强与同级党委沟通，完善全总定期听取省级工会工作汇报和意见建议制度，推动解决工会工作重大问题，各级工会协同联动的运转机制更加有序有效。建立全总党组、书记处成员年度调研课题制度，加强对习近平总书记关于工人阶级和工会工作重要论述的梳理研究阐释。

整合机构优化职能。改进工会领导机构人员构成，全总领导班子增设1名农民工兼职副主席和1名挂职书记处书记，全总十六届执委会委员和主席团成员中，劳模和一线职工比例分别为15.5%和12.0%。各级地方工会在领导班子中配备兼职、挂职副主席，并为他们发挥作用提供支持和保障。优化了全总机关职能和机构设置，将原6个职能部门整合为3个，新成立网络工作部和社会联络部，积极回应职工队伍变化和工会工作新需求；推进事企分开，全总5个生产类事业单位转制为企业；精简全总机关和事业单位编制，工作职能更加聚焦主责主业。畅通代表、委员参与会务渠道，实行工会代表、执委提案制度，科学化、民主化决策水平进一步提升。优化干部结构，实行工会干部专兼挂，坚持“总量不变、调整结构”，探索建立一支以专职干部为骨干力量、以兼职挂职干部为重要支撑的充满活力的机关干部队伍，同时侧重从劳模和一线优秀工会工作者中考录、遴选工会干部，把更多知职工、懂职工、爱职工的人充实到工会领导机关，机关干部的改革意识和服务意识进一步增强。

夯实工会基层基础。认真贯彻落实习近平总书记关于加强基层工会建设“三个着力”的重要批示精神，制定《基层组织建设工作规划（2014—2018年）》，连续开展基层工会建设年、落实年活动和“强基层、补短板、增活力”行动，大力推广上海顾村经验，聚焦开发区（工业园区）、物流（快递）业等5大领域（行业），加大工会组建力度，深入推进货车司机等8大群体入会，工会组织覆盖面不断扩大，消除了一些建会“盲点”和“空白点”，截至2017年9月，工会会员达到3亿人，基层工会组织280.9万个，覆盖单位655.1万个。规范推进工会法人登记管理工作，组织实施统一社会信用代码制度，为工会组织依法开展民事活动、助推国家信用体系建设提供了基础性保障。制定新形势下加强基层工会建设的意见、增强基层工会活力发挥基层工会作用的指导意见、工会基层组织选举工作条例、会员会籍管理办法、推进基层工会组织和工会会员实名制管理工作方案等，规范基层工会选举工作，完善会员（代表）大会、会员评家制度，以“六有”为标准推进基层工会规范化、标准化建设，基层工会活力进一步增强。联合印发《关于加强工会社会工作专业人员队伍建设的指导意见》，加强社会化工会工作者队伍建设，截至 2017 年，社会化工会工作者已达 3.38 万人。完善机关干部基层联系点、调查研究、基层挂职任职、定期接待群众来访、谈心和征求意见等 5 项直接联系群众制度，全总领导同志和机关各部门单位分别确定 1 个县级以下工会和 1 家企业工会作为基层联系点，广泛开展调查研究、政策宣讲和工作指导。构建以职工为主体的活动方式，地方工会探索建立工会服务职工满意度评价制度，适应职工的作息特点安排工作时间，推广“错峰服务”模式，工会与职工的联系进一步密切。

依托“互联网+”建设工会网上工作平台。实施全国工会网上工作纲要，推动将工会网络安全与信息化重点工作纳入“十三五”国家政务信息化工程，推动联系网、工作网、服务网整体合一、工会工作网上网下互动融合、实体和虚拟两大空间共同开展工作，工会干部知网、懂网、建网、用网意识和能力不断提升。以“一片心、一叠卡、一张网、一个家”为抓手，深入推进“互联网+”工会普惠性服务，建立健全结构清晰、数据准确、动态管理的工会工作和会员信息基础数据库，打造方便快捷、务实高效的服务职工新通道，建设会员实名制与普惠性服务综合管理系统，努力实现服务职工全方位全天候。积极开展网上教育和舆论引领，开通全总微博、微信公众号，开发移动客户端，推进全国工会新媒体建设；加强网络舆情监测和应对，对网上杂音噪音及时亮剑发声，工会网上舆论宣传主导权、主动权不断增强。

联系引导劳动关系领域社会组织。通过组建工会、购买服务、建立联席机制、搭建服务平台、培育孵化工会领导或主导的社会组织等方式，加强对劳动关系领域社会组织的政治引领、示范带动和联系服务。履行境外非政府组织在中国境内开展工会研究交流合作活动业务主管单位的职责，以团结引导社会组织代表人士为重点，统筹落实新的社会阶层人士统战工作专项任务，重视做好劳动关系领域社会智库工作，协同做好我国社会组织参与国际非政府组织活动协调管理专项工作，建设全国工会社会组织工作信息平台。

改进和完善工会经费收缴、使用和管理。不断创新工作机制，加大依法收缴经费力度，积极争取财政资金支持，工会财务保障能力明显增强。加强预算编制和预算执行管理，逐步优化工会经费支出结构，确保更多的工会经费用于职工群众、保障重点项目、向基层一线倾斜。较好控制“三公经费”支出，公务接待费大幅下降。按照中央八项规定精神，及时制定《关于加强基层工会经费收支管理的通知》和《补充通知》，并结合实施中出现的新情况新问题进行修订。制定《基层工会经费收支管理办法》，进一步明确开支范围、内容、标准和要求，较好地规范了基层工会经费收支管理问题。印发《关于加大对乡镇（街道）、开发区（工业园区）工会和基层工会经费支持力度的若干规定》，将更多的资金、资源向基层倾斜，全国工会经费全年收入的95%留在地方和基层工会，全总本级工会经费全年收入的70%用于对下级工会的补助。探索建立工会经费差异化管理投入保障机制。制定《关于加强工会财务管理、资产监督管理和经费审查审计监督的意见》《县以上工会企事业单位工会预算管理办法实施细则》《工会预算审查监督办法》等制度规定，织密制度笼子，严防黑洞漏洞。各级工会经审组织主动适应工会全局工作和工会改革新要求，按照“依法审计、服务大局、突出重点、注重实效”的工作方针，坚持审查全覆盖，加大对重大政策落实、重大项目落地、重点资金保障、重要岗位领导干部经济责任等领域的审查力度。积极推进经审工作机制创新，统筹整合审查资源，创新审查方式方法，探索建立以工会内部审查为主体、以国家审计为指导、以社会审计为补充、以职工会员监督为基础的经审监督体系。

进一步深化同港澳台工会和职工的交流合作。服务于中央对港澳台工作大局，每年举办“海峡职工论坛”“港澳工会五一代表团”“港澳台工会青年研讨营”“港澳工会国情研习班”“海峡两岸职工创新成果展”等品牌活动，促进港澳工会更多融入国家发展大局，增进两岸职工心灵契合。5 年来，全总共接待港澳台工会代表 4500 余人次，组派 1200 余人次到港澳台地区进行交流，全国各级工会近万名基层工会干部和优秀职工代表赴台交流访问。以职工技能交流和文化交流为抓手，通过开展形式多样的交流合作，团结广大港澳台职工共同为实现中华民族伟大复兴的中国梦而努力奋斗。

七、全面加强工会系统党的建设，进一步营造风清气正的政治生态

各级工会贯彻新时代党的建设总要求，全面加强工会系统党的领导和党的建设，坚持党建工作和业务工作一起谋划、一起部署、一起督查、一起落实，切实履行“两个责任”，推动工会全面从严治党向纵深发展。

把党的政治建设摆在首位。把加强党建工作作为改革的重要内容和关键举措。成立了由党组书记任组长的全总党建工作领导小组，构建党组书记负总责、分管领导分工负责、机关党委推进落实、各单位主要负责同志“一岗双责”的党建工作格局。修订《中共中华全国总工会党组工作规则》《中共中华全国总工会党组中心组学习制度》，制定全总党组议事内容目录和党组中心组学习目录，指导驻会全国产业工会等 8 个分党组修

订分党组工作规则。健全全总机关各级党组织，强化党建基础工作，落实“三会一课”等党的组织生活制度，加强基层党组织队伍建设。扎实开展党的群众路线教育实践活动、“三严三实”专题教育，推进“两学一做”学习教育常态化制度化，引导广大党员做“四讲四有”合格党员。落实管党治党的政治责任，抓住主体责任这个“牛鼻子”，坚持“一岗双责”，自觉尊崇党章、执行党章，坚决贯彻《中共中央政治局关于加强和维护党中央集中统一领导的若干规定》精神，严守党的政治纪律和政治规矩，坚定执行党的政治路线，不断增强党内政治生活的政治性、时代性、原则性、战斗性。2013 年以来，全总党组和中心组集体学习 180 余次，《人民日报》等主流媒体多次作了报道。全总领导同志为机关和分管单位党员干部讲党课 50 余次，围绕全总重点工作和分管工作，开展调研 680 次、合计 1550 天，形成了一批调研成果。举办理论学习专题培训班 16 次，累计培训党员干部 2730 余人次。

深入推进工会系统党风廉政建设和反腐败工作。认真贯彻落实《关于新形势下党内政治生活的若干准则》《中国共产党廉洁自律准则》《中国共产党党内监督条例》《中国共产党纪律处分条例》《中国共产党问责条例》等党内法规，规范党内政治生活、加强党内监督，净化党内政治生态。全总每年召开专题会议，研究部署全国工会系统党风廉政建设和反腐败工作。制定全总贯彻落实中央八项规定精神的实施办法，严格规范会议活动、文件简报、新闻报道、因公出国等工作，组织开展工会系统落实中央八项规定精神专项检查，对直属单位进行重点抽查，在关键时间节点及时督促提醒。深入搞好警示教育，综合运用监督执纪“四种形态”，广泛开展约谈、函询、提醒谈话，严肃查处违纪违规行为，严肃问责履职不力的党员领导干部。2017年，全总机关纪委荣获“全国纪检监察系统先进集体”称号。

自觉接受巡视监督。2016年3月2日至4月30日，中央第十二巡视组对全总党组开展了专项巡视。全总党组主动支持、积极配合，召开了15次党组会、5次领导小组会、2次专题民主生活会，并通过动员会、反馈会、警示会和学习培训、谈心谈话、调查研究、征求意见等多种形式，加强对中央有关巡视文件精神的学习领会，坚持在政治高度上突出坚持党的领导，在政治要求上抓住党的建设，在政治定位上聚焦全面从严治党。从严从实、不折不扣落实整改要求，做到全面改深入改、改到底改到位。全面清理规范全总会议活动、评比表彰、期刊等，撤销了25个评比表彰项目，将全总所属的13个期刊撤并为5个。加强建章立制，在党的建设、干部人事管理、反腐倡廉、财务管理、资产监管经营等方面，共制定和修订190项制度。

八、广泛开展工会对外交流合作，中国工会国际地位和国际影响力进一步提升

各级工会认真学习贯彻习近平外交思想和党中央关于民间外交工作的重要指示精神，紧紧围绕党和国家外交战略布局，立足工会组织特点，主动配合我国重大外交议程，深化劳动关系领域的国际交流与合作，广泛宣传中国特色社会主义工会发展道路，积极参与国际劳工治理，有效扩大我国工会的话语权和影响力，精心培植国际劳工界知华友华力量，在促进“一带一路”沿线国家民心相通、推动构建人类命运共同体进程中发挥了积极作用。

积极推进多边合作框架下劳动关系领域的交流与合作。贯彻落实中央关于二十国集团工作的方略，积极开展G20框架下

有关工作。借助 G20 和 L20 平台，讲述中国故事，提出中国方案，维护国家利益。承办 2016 年二十国集团劳动会议，为营造 2016 年二十国集团杭州峰会的良好国际工运环境作出积极贡献。派团出席历届金砖国家工会论坛，并借助论坛积极发声。配合 2017 年金砖国家领导人厦门会晤，于 2017 年在北京举办第六届金砖国家工会论坛，提升了中国工会在金砖国家和广大发展中国家工会中的影响力。

积极服务“一带一路”建设。2013 年正式启动“全总一非工统加强工会干部能力建设”项目。2015 年以来，举办“‘一带一路’构想与工会能力建设”世界工联青年干部培训班、“中非命运共同体和工会作用”非洲工会领导人培训班、“工会助力中非命运共同体建设”苏丹工会干部培训班、“‘一带一路’建设和妇女在未来劳动世界的作用”世界工联妇女干部培训班；召开“经济增长·充分就业·体面劳动——丝绸之路沿线劳动者的呼声”工会国际研讨会，加强与“一带一路”沿线国家工会的互访交流。

积极参与国际劳工规则制定与亚太工会能力建设。精心组织、周密部署，先后于 2014 年、2017 年两次在国际劳工组织理事会工人组换届选举中成功连任，取得了工会外事工作重大成果。在第 107 届国际劳工大会上，将构建人类命运共同体、互利共赢等重要理念写入国际劳工大会文件，增强我国在国际劳工话语体系中的影响力。在历次理事会上，积极宣介“一带一路”倡议和构建人类命运共同体理念，参与国际劳工组织机构发展、政策制定、国际劳工标准等重要议题的讨论，有力维护我国家利益和职工利益。

在推动构建新型国际关系中发挥作用。加强与国际工会组织的对话与交流，配合 2014 年亚太经合组织（APEC）第二十二次领导人（北京）非正式会议，与国际工联总书记就工会在APEC、G20中发挥作用等问题进行深入交流。巩固和深化与广大发展中国家工会的友好合作关系，2013年、2014年举办“经济全球化与工会”国际论坛。通过开展定向援助、专题培训、技能交流等方式，不断增进我与发展中国家工会的友谊与互信，巩固我传统战略根基。

努力搭建产业工人国际交流平台。举办上合组织职工技能大赛，对接上合组织产业结构调整和经济发展需求，展示中国产业工人形象，促进上合组织国家职工技能提升。举办亚信国家航空业“放飞梦想，安全信任”安全监督管理专家研讨营、中哈“促进产能合作、推动技能发展”专家交流团访华，中缅“促进企业健康发展，构建和谐劳动关系”职工交流营等活动，拓宽了产业工人的国际交流渠道。

中国工会十七大领导机构、全总十七届领导机构

中国工会第十七次全国代表大会主席团名单

（共177名）

（2018年10月21日　中国工会第十七次全国代表大会预备会议通过）

（按姓氏笔画为序）

丁小岗	丁新成	三郎斯基（女，藏族）
马吉孝（回族）	王　昆	王　倩（女）
王大军	王东明	王芳琳（女）
王树芬（女，藏族）	王香茶（女）	王保存
王俊治	王娇萍（女）	王晓东
王晓峰	巨晓林	尹海明（女）
尹德明	邓　凯	邓保平
甘　琳（女）	甘藏春	
古丽其娜·沙吾尔（女，维吾尔族）		左　军
石　岱（女）	石怀强	田　辉
田向利（女）	田建春（土家族）	史济锡
付建华	尔肯江·吐拉洪（维吾尔族）	
邢　岗	吕业升	吕国泉
朱　彤	朱虎祥	朱清文

乔长华（女）	刘　伟（全总）	刘　伟（北京）
刘　雷	刘圣珍（女）	刘迎祥
刘喜堂	闫宇平	江　南（女）
江广平	安建华	安俊辉
祁立广	许启金	许振超
孙光奇	孙德宏	麦碧莲（女）
芮英姿（女）	李　明	李　勇
李　勤	李天来	李玉赋
李龙熙（朝鲜族）	李永科	李伟言
李会增	李庆忠	李庆堂
李志鹏	李述永（女）	李贤富
李晓钟	李福如	杨　玲（女）
杨　桦（女）	杨东奇	杨军日
杨忠林（蒙古族）	杨建立	杨祝云（女，侗族）
束志明	吴　凯	吴团英（达斡尔族）
吴明明（女）	邱小平	何　伟
邹　震	沙尔合提·阿汗（哈萨克族）	
沈洁霞（女）	张　波	张少琴
张业锁	张永忠	张自华
张向辉	张茂华	张晓辉
张积贵	陆志远	陈　刚
陈立虎	陈杰平	陈建龙
陈善国	武　勇	武艳茹（女）
林小群（女）	欧瑞志	尚变丽（女）
明建建（女）	罗海宁（女）	金善文

周　农	周　亮	郑荣胜
郑淑娜（女）	房建孟	屈增国
赵世洪（满族）	赵如发	赵宗合
赵新中	胡家俊	段迎存（女）
段斌钰（女）	饶剑明	洛桑久美（藏族）
姚　焕	袁　周	耿家盛
聂生奎	莫负春	索　河(女,蒙古族)
夏祖相	倪　超（女）	徐　微（女）
徐福顺	高卫东	高凤林
高晓春（女）	郭大为	郭明义
唐义勇	唐玉立	唐航浩
黄　斌	黄云娜（女）	黄玉生
黄岱列	黄琪玉	曹金秋
戚永宏	盛　林	崔　郁（女）
章国贤	阎京华	梁宝明
寇振彦	彭　勇	斯钦毕力格(蒙古族)
董方平	董志毅	董宏涛
韩　辉	粟　斌	黑树林
程祖彬	傅晖文（女）	焦开河
谢阿兰（女）	蒙　曼(女,满族)	雷　毅（女，壮族）
蔡振华	蔡毅德	魏　东
魏国强		

中国工会第十七次全国代表大会主席团常务主席名单

（2018年10月21日　中国工会第十七次全国代表大会主席团第一次全体会议通过）

王东明	李玉赋	邓　凯
张少琴	徐福顺	尹德明
蔡振华	尔肯江·吐拉洪（维吾尔族）	
阎京华	邱小平	焦开河
崔　郁（女）	江广平	李晓钟
房建孟	许振超	郭明义
巨晓林	赵世洪（满族）	张茂华
田　辉	石　岱（女）	

中国工会第十七次全国代表大会秘书长名单

（2018 年 10 月 21 日　中国工会
第十七次全国代表大会预备会议通过）

李玉赋

中国工会第十七次全国代表大会副秘书长名单

（2018年10月21日　中国工会第十七次全国代表大会主席团第一次全体会议通过）

邓　凯	尹德明	阎京华
张茂华	张放鸣	陈建明
张　珀		

中国工会第十七次全国代表大会代表资格审查委员会名单

（2018年10月21日　中国工会第十七次全国代表大会预备会议通过）

主　任

邓　凯

副主任

房建孟	张茂华	李长峰
安国栋	马勇明	

委　员（按姓氏笔画为序）

朱劲松（女）	闫为宁（女）	李　实
何淑君（女）	张才方	金善文
胥　纯	郭志刚	常增月
寇武江	蒋　煜	蒋石宝
韩兵兵（苗族）	覃懋华	薛振虎

中华全国总工会第十七届执行委员会委员名单

（共 283 名）

（按姓氏笔画为序）

丁小岗	丁文清（回族）	三郎斯基(女,藏族)
于洪伟	于晓东	马吉孝（回族）
马利明（回族）	马金明	马勇明
马继权（回族）	王　全	王　昆
王　岩	王　倩（女）	王　健
王　琨（女）	王　蕾（女）	王云平（女）
王东明	王均成	王芳琳（女）
王丽燕（女）	王纯丁	王树芬(女,藏族)
王保存	王俊治	王晓东
王晓峰	王银明	王惠欣（女）
巨晓林	尹先仓	孔贵华（回族）
邓保平	甘　琳（女）	甘藏春
古丽其娜·沙吾尔(女,维吾尔族)		左　军
石　岱（女）	田向利（女）	史济锡
央　金(女,藏族)	冉龙平	冉令军
付建华	尔肯江·吐拉洪（维吾尔族）	
冯　志	冯小林	冯家举

宁允展	邢　岗	邢源霞（女，黎族）
吉振华	毕务芳（女）	曲昭伟
吕业升	吕国泉	
肉孜麦麦提·巴克（维吾尔族）		朱　彤
朱　晓	朱劲松（女）	朱虎祥
朱清文	朱喜林	朱鹤新
乔　森	乔长华（女）	乔家华
刘　伟（北京）	刘　伟（辽宁）	刘　雷
刘　静（女）	刘广迎	刘文红（女）
刘为民	刘玉兰（女）	刘圣珍（女）
刘后盛	刘志刚	刘迎祥
刘林宗	刘建媛（女）	刘贵堂
刘剑平	刘喜堂	闫为宁（女）
江　南（女）	江广平	安　亮
安建华	安俊辉	许山松
许启金	孙光奇	孙德宏
芮英姿（女）	苍　云（满族）	严　辉（女）
李　刚	李　明	李　忠（藏族）
李　勇	李　超	李　斌
李　勤	李天来	李长峰
李玉赋	李龙熙（朝鲜族）	李亚莲（女）
李伟言	李会增	李庆堂
李志鹏	李丽明（女）	李枝兴
李述永（女）	李贤富	李朋谦
李晓钟	李福如	杨　伸

杨东奇	杨再春	杨军日
杨忠林(蒙古族)	杨建立	吴　凯
吴团英(达斡尔族)	吴华涛	吴志毅
吴明明（女）	邱小平	何　伟
何丽娟（女）	何映霞（女）	何桂琴（女，回族）
余　培	邹　震	
沙尔合提·阿汗（哈萨克族）		沈洁霞（女）
张　工	张　日	张　波
张　辉	张才方	张少琴
张业锁	张永忠	张仲茜
张自华	张向辉	张兴敏
张守航	张茂华	张积贵
张晓兰（女）	张海波	张喜怀（回族）
陆志远	陈　刚	陈　欣
陈　晔（女）	陈立虎	陈杰平
陈忠宽	陈雪萍（女）	武艳茹（女）
范小云（女）	林　引	林小群（女）
林田中	罗玉珍（女）	金善文
周　农	周　亮	周治平
周新风	郑立明	郑芝波（女）
郑承男（朝鲜族）	郑荣胜	郑淑娜（女）
郑默杰（女）	屈增国	赵　萍（女）
赵　斌(女,壮族)	赵争平	赵如发
赵祖地	赵新中	胡永宽（满族）
胡宪臣	胡家俊	胡耀琼

柯　艺（女）	段迎存（女）	段斌钰（女）
侯线红(女,侗族)	饶剑明	姜俊华
姜海涛	洛桑久美(藏族)	胥　纯
姚　红（土家族）	姚　焕	贺　莉（女）
袁　周	袁宗贵	耿家盛
聂生奎	莫负春	索　河(女,蒙古族)
贾向东	夏祖相	倪　超（女）
倪宝贵	徐　州	徐　凯
徐　微（女）	徐文龙	徐发成
翁杰明	翁鲁敏（女）	高　睿
高卫东	高凤林	高孔长
高宝璨	高晓春（女）	郭大为
郭长义	郭志武	郭志林
郭明义	唐玉立	唐航浩
黄　临	黄　斌	黄久生
黄云娜（女）	黄玉生	黄琪玉
梅志翔	曹金秋	戚永宏
盛　林	常增月	麻生明
章国贤	阎京华	梁宝明
寇武江	寇振彦	宿　民
彭　云	彭　放	斯钦毕力格（蒙古族）
董　琨（女）	董永祥	董庆陆
董志毅	董宏涛	韩　辉
粟　斌	傅连春	焦开河
温国权	温祥华	游　斌

谢阿兰（女）	蒙　曼(女,满族)	雷天太
解永孚	蔡振华	蔡毅德
臧正金	谭军武	熊用机
黎　龙（东乡族）	薛振虎	魏　东
魏国强		

中华全国总工会第十七届执行委员会主席、副主席、主席团委员名单

主　席

王东明

副主席

李玉赋	张　工	张少琴（兼）
蔡振华	翁杰明（兼）	张晓兰（兼，女）
阎京华	邱小平（兼）	焦开河
江广平	马吉孝(兼,回族)	石　岱（女）
郭明义（兼）	巨晓林（兼）	高凤林（兼）

主席团委员（按姓氏笔画为序）

丁小岗	王　倩（女）	王树芬（女，藏族）
王保存	王俊治	王晓东
甘藏春	左　军	田向利（女）
史济锡	付建华	
尔肯江·吐拉洪（维吾尔族）		曲昭伟
吕业升	肉孜麦麦提·巴克（维吾尔族）	
朱清文	刘　伟	刘后盛
许山松	许启金	孙光奇

李　刚	李　明	李　勇
李　斌	李龙熙(朝鲜族)	李晓钟
杨东奇	杨军日	杨忠林（蒙古族）
吴团英(达斡尔族)	吴明明（女）	何桂琴（女，回族）
沙尔合提·阿汗（哈萨克族）		张　波
张茂华	陆志远	陈　刚
陈杰平	周　农	郑淑娜（女）
胡家俊	洛桑久美(藏族)	袁　周
耿家盛	莫负春	索　河(女,蒙古族)
贾向东	夏祖相	高卫东
高晓春（女）	郭大为	黄琪玉
梅志翔	章国贤	梁宝明
董志毅	蔡毅德	魏国强

中华全国总工会第十七届执行委员会主席团书记处第一书记、书记名单

第一书记

李玉赋

书　记

张　工	蔡振华	阎京华
焦开河	江广平	石　岱（女）
张茂华	许山松	王俊治
曲昭伟（挂职）		

中华全国总工会第十七届
经费审查委员会委员名单

（共 38 名）

（按姓氏笔画为序）

丁　巍（女）	马　莉（女，蒙古族）	王　平
王玉生	王裕明	卢明琪
刘　伟（女）	刘　军	刘立民
闫　灵（女）	安国栋	许毅青
苏日娜（女，蒙古族）	李伟言	李晓钟
李跃华	杨卫中（藏族）	吴丽云(女)
何广亮（回族）	余　洁（女）	张　彤
张传红	张保华	张海涛
张慧东	陆佩军	林世荣
罗世文	侯东方	侯光勇
徐俊琴（女）	徐真彦（女）	黄海华
蒋石宝	舒　琼(女)	蒲　勤(女)
谭立新	薛新萍（女）	

中华全国总工会第十七届经费审查委员会主任、副主任、常务委员名单

主　任

李晓钟

副主任

李伟言

常务委员（按姓氏笔画为序）

丁　巍（女）	卢明琪	刘　军
刘立民	安国栋	何广亮（回族）
余　洁（女）	林世荣	罗世文
侯东方	黄海华	

人民团体和解放军贺词

在中国工会第十七次全国代表大会上的贺词

（2018 年 10 月 22 日）

共青团中央　贺军科

各位代表，同志们：

中国工会第十七次全国代表大会今天隆重开幕。我谨代表中国共产主义青年团、中华全国妇女联合会、中国文学艺术界联合会、中国作家协会、中国科学技术协会、中华全国归国华侨联合会、中华全国台湾同胞联谊会、中国残疾人联合会，向大会的召开表示热烈的祝贺！向出席大会的全体代表，向全国广大职工和工会工作者致以诚挚的问候和崇高的敬意！

今年是改革开放 40 周年。改革开放以来特别是党的十八大以来，我国工人阶级胸怀全局、无私奉献，走在时代前列、勇挑历史重担，以高度的主人翁责任感和使命感，旗帜鲜明支持、参与、推动改革开放，在社会主义经济建设、政治建设、文化建设、社会建设、生态文明建设中充分发挥了主力军作用，为推进中国特色社会主义伟大事业作出了卓越贡献，在共和国旗帜上镌刻了无上荣光。实践充分证明，工人阶级不愧为中国共产党最坚实最可靠的阶级基础，不愧为我们社会主义国家的领导阶级，不愧为坚持和发展中国特色社会主义的主力军。

中国工会作为中国共产党领导的职工自愿结合的工人阶级群众组织，始终在党的领导下，与广大职工同呼吸、共命运、心连心，为推动党和国家事业发展发挥了重要作用。特别是中国工会十六大以来，在以习近平同志为核心的党中央坚强领导下，在习近平新时代中国特色社会主义思想的科学指引下，各级工会紧紧围绕党和国家工作大局，坚持走中国特色社会主义工会发展道路，聚焦增强政治性、先进性、群众性，大力弘扬劳模精神、劳动精神、工匠精神，大力推进产业工人队伍建设改革，组织动员广大职工为实现中华民族伟大复兴的中国梦建功立业；旗帜鲜明做好维权服务，推动构建中国特色和谐劳动关系；认真落实党中央关于群团工作和群团改革的决策部署，先行先试，积极深化工会系统改革，探索一批可复制可推广的经验；以党的政治建设为统领，全面加强工会系统党的建设，风清气正的政治生态进一步形成。工会组织在党和国家工作大局中的地位越来越重要，作用越来越突出，影响越来越广泛。实践充分证明，中国工会不愧为党联系职工群众的桥梁和纽带，不愧为社会主义国家政权的重要社会支柱，不愧为职工合法权益的代表者和维护者。

党的十九大擘画了决胜全面建成小康社会、夺取新时代中国特色社会主义伟大胜利的宏伟蓝图，进一步指明了党和国家事业的前进方向。深入学习贯彻习近平新时代中国特色社会主义思想，全面落实党的十九大确立的战略目标和重大部署，中国工人阶级和工会组织肩负着光荣而艰巨的历史使命。我们坚信，新时代工人阶级一定会进一步增强“四个意识”，坚定“四个自信”，将自身发展进步自觉融入党和国家事业发展大局，做新时代的见证者、开创者、建设者，用干劲、闯劲、钻劲创造更加辉煌的业绩。我们坚信，中华全国总工会及各级工会组织一定能够锐意改革、奋力拼搏，坚持走中国特色社会主义工会发展道路，团结动员亿万职工在全面建设社会主义现代化国家新征程中再立新功。

群团工作是党的一项十分重要的工作，群团改革是全面深化改革的重要组成部分。长期以来，在中国共产党领导下，各群团组织团结协作、相互支持，共同做好党的群团工作，为推进中国特色社会主义事业作出了不懈努力。党的十八大以来，以习近平同志为核心的党中央高度重视群团工作，召开了党的历史上第一次中央党的群团工作会议，对党的群团工作作出全面部署，提出了新的更高要求。我们要以习近平新时代中国特色社会主义思想为指导，坚持中国特色社会主义群团发展道路，进一步深化群团改革，保持和增强政治性、先进性、群众性，增强群众工作本领，创新群团工作体制机制和方式方法，把群团组织建设得更加充满活力、更加坚强有力，更好担负起新时代党赋予群团组织的光荣使命。要加强思想政治引领，推动习近平新时代中国特色社会主义思想深入人心，引导广大群团干部和所联系群众坚决维护习近平总书记党中央的核心、全党的核心地位，坚决维护党中央权威和集中统一领导，自觉在思想上政治上行动上同以习近平同志为核心的党中央保持高度一致。要积极服务党和国家工作大局，最广泛地组织、动员、团结群众为统筹推进“五位一体”总体布局和协调推进“四个全面”战略布局，为打好“三大攻坚战”、推动高质量发展贡献力量。要密切联系群众，依法维护群众利益，竭诚为群众排忧解难，切实增强群众获得感。要加强群团组织之间的密切合作和资源整合，充分发挥各自优势，形成强大工作合力，努力构建群团工作新格局，不断开创新时代中国特色社会主义群团事业新局面。

同志们，新时代赋予群团组织新使命新要求。让我们更加紧密地团结在以习近平同志为核心的党中央周围，高举习近平新时代中国特色社会主义思想伟大旗帜，不忘初心、牢记使命，振奋精神、开拓进取，为决胜全面建成小康社会、夺取新时代中国特色社会主义伟大胜利、实现中华民族伟大复兴的中国梦而不懈奋斗！

预祝中国工会第十七次全国代表大会圆满成功！

在中国工会第十七次全国代表大会上的贺词

（2018年10月22日）

中央军委政治工作部　苗　华

各位代表，同志们：

值此中国工会第十七次全国代表大会胜利召开之际，我谨代表中国人民解放军和中国人民武装警察部队，向大会的召开表示热烈祝贺！向出席大会的各位代表，向全国广大职工和工会工作者，致以诚挚的问候和崇高的敬意！

工人阶级是我国的领导阶级，是我国先进生产力和生产关系的代表，是我们党最坚实最可靠的阶级基础，是坚持和发展中国特色社会主义的主力军。在我国革命、建设、改革各个历史时期，工人阶级始终在党的坚强领导下，坚定走在时代前列，为民族独立和人民解放，为国家富强和人民幸福，建立了彪炳史册的卓越功勋，发挥了先进阶级的重要作用，展现了领导阶级的伟大力量。党的十八大以来，在以习近平同志为核心的党中央坚强领导下，我国工人阶级在实现中华民族伟大复兴的宏伟征程中，用劳动筑梦，用实干圆梦，做坚持中国道路的柱石、弘扬中国精神的楷模、凝聚中国力量的中坚，为推动党和国家事业取得历史性成就、发生历史性变革作出了重要贡献。在这一历史进程中，中国工会深入学习贯彻习近平新时代中国特色社会主义思想，坚决维护习近平总书记的核心地位，坚决维护党中央权威和集中统一领导，坚定正确政治方向，把握工人运动时代主题，团结动员广大职工当好主人翁、建功新时代，旗帜鲜明做好维权服务，深化工会系统改革，加强工会系统党的建设，各项工作取得显著成绩。立足新时代新起点，中国工人阶级谱写了新的光辉篇章，中国工会展现出新的时代风貌。

我军是党绝对领导下的人民军队，来自人民、根植人民，与人民群众有着天然的血肉联系和深厚的鱼水情谊。军队打胜仗、人民是靠山，军民团结是我们赢得胜利的强大政治优势。党的十八大以来，广大职工群众和各级工会组织热忱关心、大力支持国防和军队建设，在推进政治建军、改革强军、科技兴军、依法治军和备战打仗中发挥了重要作用。广大职工群众和人民子弟兵并肩奋战在武器装备科研生产一线、国防工程建设前沿、抢险救灾任务现场，谱写了一曲曲攻坚克难、团结奋进的壮丽篇章，强军丰碑上深深镌刻着中国工人阶级和中国工会的光辉业绩！

实现中国梦、强军梦，需要亿万军民携手并进、勠力同行。我们坚信，在以习近平同志为核心的党中央坚强领导下，我国工人阶级和工会组织一定能够发扬光荣传统，弘扬奋斗精神，创造无愧于时代的新辉煌；一定能够秉承“军民团结如一人”的红色基因，深入推进军民融合发展战略，全力支持国防和军队现代化建设，为实现党在新时代的强军目标提供坚强后盾。中国工人阶级的辉煌业绩、先进思想、伟大品格，也必将鼓舞和激励人民子弟兵不忘初心、牢记使命，不断锤炼胜战本领、筑牢钢铁长城，履行好新时代党和人民赋予的使命任务。

让我们更加紧密地团结在以习近平同志为核心的党中央周

围，坚持以习近平新时代中国特色社会主义思想为指导，增强“四个意识”、坚定“四个自信”，凝心聚力、团结拼搏，为实现“两个一百年”奋斗目标、实现中华民族伟大复兴的中国梦作出新的更大贡献！

预祝中国工会第十七次全国代表大会圆满成功！

新闻宣传

在新时代党的真挚关怀下不断奋进

——习近平总书记关心工人阶级和工会工作纪实

劳动开创未来，奋斗成就梦想。

在革命、建设、改革各个历史时期，中国共产党始终坚持全心全意依靠工人阶级的方针，激励一代代劳动者接续奋斗，取得了一个又一个胜利，铸就中国大踏步赶上世界潮流的发展奇迹。

党的十八大以来，以习近平同志为核心的党中央站在党和国家事业发展的战略高度，高度重视工人阶级和工会工作，为发挥工人阶级主力军作用和做好工会工作指明方向。习近平总书记多次出席劳动者活动，同普通工人谈心，给劳模回信，为劳动者鼓劲，展现了党和国家领导人同劳动群众面对面、心贴心、实打实的深情厚谊。

大力弘扬劳动精神，做新时代奋斗者

“社会主义是干出来的，新时代也是干出来的。希望你们珍惜荣誉、努力学习，在各自岗位上继续拼搏、再创佳绩，用你们的干劲、闯劲、钻劲鼓舞更多的人，激励广大劳动群众争做新时代的奋斗者。”

今年4月30日，中国劳动关系学院劳模本科班学员收到了习近平总书记的殷切回信。总书记的重要回信，是对全国所有劳动模范、广大劳动者的“五一”节日礼赞，更是对包括工人阶级在内的全体中国人民发出的热烈倡议。

民生在勤，勤则不匮。

在多个场合，习近平总书记向全国人民发出奋斗动员令。

2013 年 10 月 23 日，习近平总书记在同中华全国总工会新一届领导班子成员集体谈话时鲜明指出，我国工人运动的时代主题，是为实现中华民族伟大复兴的中国梦而奋斗，强调实现中华民族伟大复兴的中国梦，根本上要靠包括工人阶级在内的全体人民的劳动、创造、奉献。

“只有奋斗的人生才称得上幸福的人生”。“奋斗者是精神最为富足的人，也是最懂得幸福、最享受幸福的人”。今年 2 月 14 日，习近平总书记在 2018 年春节团拜会上指出。

在 2017 年 10 月召开的党的十九大上，习近平总书记明确指出，弘扬劳模精神和工匠精神，营造劳动光荣的社会风尚和精益求精的敬业风气。总书记的重要讲话，点燃了亿万人民在新时代奋斗的豪情，激励着各行各业劳动者向着实现中国梦的美好前景进发。

党的十八大以来，每年“五一”前夕，习近平总书记都要同劳动者座谈或作出重要指示，勉励劳动模范和工人阶级，提倡劳动创造，讴歌劳动精神。

——2013 年 4 月 28 日，习近平总书记在同全国劳动模范代表座谈时强调，必须牢固树立劳动最光荣、劳动最崇高、劳动最伟大、劳动最美丽的观念，崇尚劳动，造福劳动者，让全体人民进一步焕发劳动热情、释放创造潜能，通过劳动创造更加美好的生活。

——2014 年 4 月 30 日，习近平总书记同新疆 28 名劳动模范和先进工作者、先进人物代表座谈，向全社会特别是广大党员、干部发出号召，要带头弘扬劳动精神，增强同劳动人民的感情，带头在各自岗位上勤奋工作、踏实劳动。这是总书记首次提出“劳动精神”这一重要命题。

——2015年4月28日，时隔36年我国再次最高规格表彰劳模。习近平总书记在庆祝“五一”国际劳动节暨表彰全国劳动模范和先进工作者大会上强调，全面建成小康社会，进而建成富强民主文明和谐的社会主义现代化国家，根本上靠劳动、靠劳动者创造。无论时代条件如何变化，我们始终都要崇尚劳动、尊重劳动者，始终重视发挥工人阶级和广大劳动群众的主力军作用。

广大职工以习近平总书记谆谆教导作为奋斗拼搏的动力，积极参加“当好主人翁、建功新时代”等主题劳动和技能竞赛，在全面建成小康社会伟大征程上建功立业。

据中华全国总工会统计，5年来，共有5.2亿人次职工参加各类劳动和技能竞赛，提出合理化建议6224.6万件，技术革新项目349.0万项，发明创造项目111.7万项，推广先进操作法的项目有99.1万项，展现出新时代奋斗者的时代风采和精神风貌。

深切关怀职工生产生活，切实维护职工合法权益

每到一地视察调研，习近平总书记都深入基层，关切职工生产生活，同职工座谈交流，谆谆教诲、真诚勉励、深情嘱托。所到之处，都留下了他同工人亲切会面的动人场景。

2018年9月，习近平总书记在辽宁考察，在中国石油辽阳石化公司，他同企业劳模和职工代表一一握手，强调国有企业地位重要、作用关键、不可替代，是党和国家的重要依靠力量；在辽宁忠旺集团轨道车体制造车间，他向职工仔细询问生产流程和技术要求，强调要进一步弘扬企业家精神、工匠精神，抓住主业，

心无旁骛，力争做出更多的一流产品，发展一流的产业。

2017年4月，习近平总书记在广西考察，看望北海市铁山港公用码头现场作业的工人们。正在现场作业的码头工人看到总书记来了，激动地围拢过来向总书记问好。习近平总书记同他们亲切握手，勉励他们爱岗敬业、争创一流，树立和展示当代工人阶级良好形象。

2016年1月，习近平总书记到重庆调研。在两江新区果园港，习近平看到果园港区设施齐备，已初具规模，称“这里大有希望”，同时寄语果园港区的建设者、管理者要把港口建设好、管理好、运营好，以一流的设施、一流的技术、一流的管理、一流的服务，为长江经济带发展服务好，为“一带一路”建设服务好，为深入推进西部大开发服务好。

……

每一次视察，每一次交流，习近平总书记同工人们“零距离”接触的一个个片段闪回，都是一幅幅领袖和群众水乳交融的动人画面，情感真挚、暖意融融。

在工作中，习近平总书记不仅强调要崇尚劳动，而且十分关注劳动者权益保障问题，多次强调要尊重劳动者，实现好、维护好、发展好广大普通劳动者根本利益。

今年9月，习近平总书记实地考察抚顺市采煤沉陷区避险搬迁安置情况。在纺织厂退休女工陈玉芳家，总书记关切地询问搬迁花了多少钱、退休金和社保能不能按时领取、看病方便不方便、社区服务好不好。当听说他们从60平方米的危房搬进了现在90多平方米的新楼，环境卫生明显改善，水电气供应有了保障，公共服务进了社区，习近平总书记十分高兴。

离开小区时，社区居民们围拢过来，向总书记问好。习近平总书记同大家一一握手，对大家说，我一直牵挂着资源枯竭型城市，惦记着这些城市经济怎样、人民生活怎样，我这次就是专程来看看。在资源枯竭型城市发展转型过程中，首先要把民生保障好，把困难群众的生活保障好，让老百姓的生活过得越来越好。

“让老百姓过上好日子是我们一切工作的出发点和落脚点”。饱含真情的话语如同暖流，直抵人心。

2015 年 4 月 28 日庆祝“五一”国际劳动节暨表彰全国劳动模范和先进工作者大会上，习近平总书记指出，要从政治、经济、社会、文化、法律、行政等各方面采取有力措施，促进社会公平正义，实现好、维护好、发展好最广大人民根本利益，特别是要实现好、维护好、发展好广大普通劳动者根本利益。

在习近平总书记关怀下，一系列民生举措给人民群众带来更多获得感。2017 年，我国城镇非私营、私营单位就业人员年平均工资分别达到 74318 元和 45761 元，与 2012 年相比名义增长分别为 10. 0% 和 6. 8%。工会建档立卡的困难职工由 2013 年 6 月的 489 万户下降到 2018 年 1 月的 247 万户，减少了 242 万户。

推进产业工人队伍建设改革，打造高素质劳动者大军

一个国家发展能否抢占先机、赢得主动，越来越取决于国民素质，特别是广大劳动者素质。

在习近平总书记心中，劳动者素质对一个国家、一个民族发展至关重要。党的十九大报告明确指出，要建设知识型、技能型、创新型劳动者大军。

为进一步巩固党的执政基础、实施制造强国战略、全面提

高产业工人素质，2016年8月，习近平总书记明确要求就新时期产业工人队伍建设改革提出总体思路和系统方案。

2017年2月，习近平总书记主持召开中央全面深化改革领导小组第三十二次会议，审议通过《新时期产业工人队伍建设改革方案》，强调要按照政治上保证、制度上落实、素质上提高、权益上维护的总体思路，改革不适应产业工人队伍建设要求的体制机制，充分调动广大产业工人的积极性主动性创造性，为实现"两个一百年"奋斗目标、实现中华民族伟大复兴的中国梦更好地发挥产业工人队伍的主力军作用。

2017年4月，中共中央、国务院印发了《新时期产业工人队伍建设改革方案》，方案从5个方面提出了25条有针对性的改革举措。这是党和国家首次就产业工人队伍建设改革作出重大决策部署。

如何提升劳动者素质，习近平总书记一再强调，把劳动者素质与国家前途命运结合在一起，是他对国家发展的总体考量；把劳动者素质与个人发展结合在一起，是他对广大劳动者实现体面劳动、全面发展的长远谋划，展现了他对劳动者的关心和关爱。

广大产业工人充分感受到习近平总书记的深情关怀和殷切期望，把坚定信念、学习知识、钻研技术、敢于担当作为人生追求，在各自岗位上苦练本领、提升素质，为发展实体经济、提升国家核心竞争力充分展示自己的聪明才智。

全总统计显示，过去5年来，职工技术素质显著提升，77.8%的职工参加过单位组织的培训，其中90.4%提高了技术等级或专业技能，涌现出一大批创新能手和高技能人才。多名职工荣登国家科技奖最高领奖台，高技能人才总量达到4791万人，获取相应等级职业资格证书的共有7625万人次。

在连续三届高技能人才表彰活动中，有90人获得中华技能大奖、899人获得全国技术能手称号。职工技术创新成果获得国家专利项目70.6万件，荣获国家级奖项144项，省部级奖项6343项。一线技术工人技术创新成果有7项荣获国家科技进步奖，3名技术工人获得首届全国创新争先奖状，1项职工发明专利获中国专利奖金奖。

聚焦增强政治性、先进性、群众性，深入推进工会改革创新

今年是改革开放40周年。改革开放是决定当代中国命运的关键一招。改革也是工会组织永葆生机活力、工运事业不断从胜利走向胜利的关键所在。

习近平总书记高度重视工会改革创新，在多次讲话中都提到工会改革创新问题。

2015年7月，习近平总书记领导召开中央党的群团工作会议。由党中央召开党的群团工作会议，这在党的历史上还是第一次。

会上，习近平总书记对群团组织改革创新提出明确要求，指出要切实保持和增强党的群团工作的政治性、先进性、群众性。他强调，群团事业是党的事业的重要组成部分，群众工作是党的一项根本性、基础性工作，各级党委、人大、政府、政协要为工会等群团组织开展协商创造条件。各级党委要坚持德才兼备、五湖四海，加强群团干部培养管理，选好配强群团领导班子，提高群团干部队伍整体素质。

总书记的重要指示，为进一步深化群团改革和群团工作坚定了信心，提供了机遇。

工会的改革试点大幕由此拉开。几年来，31个省（区、

市）总工会均已制定了改革方案，按照增“三性”、去“四化”、强基层、促创新的改革总体思路，聚焦重要领域和关键环节，破解突出矛盾，回应职工关切，形成了自上而下、自下而上的全面改革态势。

其中，重点之一是改进工会领导机构人员构成，优化机关职能和机构设置，实行工会代表、执委提案制度，探索建立以专职干部为骨干力量、以兼职挂职干部为重要支撑的机关干部队伍，不断完善维护职工权益制度和机制，健全职工服务体系。

改革试点以来，县级以上总工会领导班子中配备了2700多名挂职、兼职干部。截至2018年6月底，全国已有23个省级地方工会配备了20名挂职副主席、90名兼职副主席。

各级工会连续开展基层工会建设年、落实年活动和“强基层、补短板、增活力”行动，启动农民工入会集中行动、货车司机入会集中行动，不断扩大工会组织覆盖面。目前，全国工会会员总数3.0亿人，其中农民工会员1.4亿人，基层工会组织280.9万个，覆盖单位655.1万个。

全总将全国工会经费全年收入的95%留在地方和基层工会，本级工会经费全年收入的70%用于对下补助；建立了5项联系群众制度，探索建立工会服务职工满意度评价制度，进一步密切同职工的联系。

全心全意依靠工人阶级，发挥工人阶级主力军作用

回顾中国共产党领导人民的奋斗历程，全心全意依靠工人阶级是夺取一个又一个胜利的重要法宝。

“不论时代怎样变迁，不论社会怎样变化，我们党全心全意依靠工人阶级的根本方针都不能忘记、不能淡化，我国工人阶

级地位和作用都不容动摇、不容忽视。”2015 年 4 月 28 日，习近平总书记在庆祝“五一”国际劳动节暨表彰全国劳动模范和先进工作者大会上指出。

他强调，各级党委和政府要把全心全意依靠工人阶级的根本方针贯彻到经济、政治、文化、社会、生态文明建设以及党的建设各方面，落实到党和国家制定政策、推进工作全过程，体现到企业生产经营各环节。

2015 年 1 月，中共中央制定了《关于加强社会主义协商民主建设的意见》，3 月中共中央、国务院制定了《关于构建和谐劳动关系的意见》，为构建和谐劳动关系、维护职工劳动经济权益和民主政治权利提供了有力保障。

在党的十九大代表中，生产和工作第一线党员代表明显增加，共 771 名，占 33. 8%，比党的十八大增加 79 名，比例提高 3. 3 个百分点，其中工人党员代表 198 名（农民工党员 27 名），占 8. 7%；专业技术人员党员代表 283 名，占 12. 4%。

据全总 2017 年开展的全国职工队伍状况调查显示，近七成职工认为近年来工人社会地位“有很大提高”或“有所提高”。

各地方党委普遍召开了群团工作会议、工会工作会议，出台加强工会工作的有关意见，研究解决与职工、工会有关事项。31 个省（区、市）政府和相关部委、相关产业局（行业协会或联合会）建立了同工会的联席（联系）会议制度。地方党委和政府普遍出台涉及职工切身利益的政策法规。

截至 2017 年底，全国各省（区、市）颁布 35 部企业民主管理方面的地方性法规，30 个省（区、市）人大或政府出台 41 部集体协商地方性法规或规章，15 个省（区、市）颁布工资集体协商条例或政府规章，6 个省出台工会劳动法律监督专项地方性法规，从源头上维护了职工合法权益，为工会工作提供了有力支撑保障。

中国特色社会主义进入新时代。新时代赋予工人阶级新使命，呼唤工会组织新作为。亿万职工和广大工会干部将在以习近平同志为核心的党中央坚强领导下，在波澜壮阔的历史洪流中，乘风破浪、扬帆远航！

（新华社北京10月21日电　记者樊曦、齐中熙）

唱响新时代奋斗者之歌

——热烈祝贺中国工会第十七次全国代表大会开幕

（2018年10月22日）

《人民日报》社论

劳动光荣，创造伟大。

今天，中国工会第十七次全国代表大会在京隆重开幕。这是在全面建成小康社会决胜阶段、中国特色社会主义进入新时代的关键时期召开的一次重要会议，对于团结动员亿万职工充分发挥工人阶级主力军作用，为夺取新时代中国特色社会主义伟大胜利而奋斗，具有重要意义。我们对大会的召开表示热烈祝贺！

改革开放40年来，我国工人阶级坚定走在时代前列，充分发挥了先进阶级的重要作用，绽放出夺目的时代风采。特别是党的十八大以来，在以习近平同志为核心的党中央坚强领导下，我国工人阶级以高度的主人翁使命感和历史责任感，积极投身新时代中国特色社会主义伟大实践，推动党和国家事业取得历史性成就、发生历史性变革。实践充分证明，我国工人阶级不愧是中国共产党最坚实最可靠的阶级基础，不愧是我们社会主义国家的领导阶级，不愧是先进生产力和生产关系的代表，不愧是坚持和发展中国特色社会主义的主力军。

工会是党领导的工人阶级群众组织。中国工会十六大以来，各级工会组织动员广大职工建功立业，加大维权服务力度，推动构建和谐劳动关系，推进产业工人队伍建设改革，各项工作取得重要进展，工会组织和工会工作政治性、先进性、群众性显著增强。习近平总书记始终高度重视工人阶级和工会工作，在党领导的工运事业和工会工作的实践中，深刻阐明了工会工作的地位作用、时代主题、发展道路、目标任务、根本保证，形成了习近平总书记关于工人阶级和工会工作的重要论述。这些重要论述，科学回答了工人阶级和工会工作的一系列方向性、根本性、战略性重大问题，贯穿了党的全心全意依靠工人阶级的方针，丰富了马克思主义工人阶级和工运学说，为新时代工运事业和工会工作创新发展指明了前进方向、提供了根本遵循。

党的十九大描绘了新时代的宏伟蓝图。到2020年全面建成小康社会，到2035年基本实现社会主义现代化，到本世纪中叶把我国建成富强民主文明和谐美丽的社会主义现代化强国，这是全党全国各族人民的共同任务，更是工人阶级的历史使命。工人阶级要全面贯彻党的十九大精神，以习近平新时代中国特色社会主义思想为指导，凝心聚力、砥砺奋进，唱响新时代奋斗者之歌。

唱响新时代奋斗者之歌，工人阶级就要坚守理想信念，彰显阶级本色，成为党执政的坚实依靠力量、强大支持力量、深厚社会基础；就要弘扬民族精神，引领社会风尚，自觉培育和践行社会主义核心价值观；就要激发劳动热情，凝聚奋斗伟力，以卓越的劳动创造争做新时代的见证者、开创者、建设者；就要矢志改革创新，勇立时代潮头，以实际行动争做改革的促进派和排头兵；就要勤于学习实践，练就过硬本领，努力成为知识型、技能型、创新型劳动者。

唱响新时代奋斗者之歌，各级工会就要始终坚定正确政治方向，切实承担起团结引导职工群众听党话、跟党走的政治责任；就要牢牢把握工运时代主题，把党和国家重大战略部署转化为工会工作的具体安排和实际行动；就要切实做好维权服务工作，推动构建和谐劳动关系；就要不断深化工会改革创新，增强工会工作的动力活力；就要深入落实全面从严治党要求，把工会组织建设得更加充满活力、更加坚强有力。

社会主义是干出来的，新时代也是干出来的。紧密团结在以习近平同志为核心的党中央周围，把智慧和力量凝聚到落实党中央决策部署上来，尊重劳动、尊重知识、尊重人才、尊重创造，我们一定能以奋斗建功新时代，以劳动托起中国梦，让新时代的奋斗者之歌响彻中华大地。

唱响新时代奋斗者之歌

——热烈祝贺中国工会第十七次全国代表大会开幕

（2018 年 10 月 22 日）

《工人日报》社论

金秋时节，中国工会第十七次全国代表大会在北京隆重开幕了。这是在我国进入全面建成小康社会决胜阶段、中国特色社会主义进入新时代召开的一次重要会议，必将凝聚全国各族职工的磅礴力量，激发广大工会干部奋发有为的壮志豪情。我们对大会的召开表示热烈祝贺！

习近平总书记始终高度重视工人阶级和工会工作，领导召开党的历史上第一次中央党的群团工作会议，指导制定加强和改进党的群团工作的意见、产业工人队伍建设改革方案和全国总工会改革试点方案；每到一地考察都深入基层看望劳模、慰问职工，亲临全总机关与劳模代表座谈，给劳模本科班学员回信，饱含着对工人阶级的真挚关怀与殷切期望，给广大职工以极大的精神鼓舞。习近平总书记关于工人阶级和工会工作的重要论述，深刻阐明了工会工作的地位作用、目标任务、实践要求，科学回答了工人阶级和工会工作的一系列方向性、根本性、战略性重大问题，贯穿了党的全心全意依靠工人阶级的方针，丰富了马克思主义工人阶级和工运学说，是习近平新时代中国特色社会主义思想的重要组成部分，为新时代工运事业和工会工作创新发展指明了前进方向、提供了根本遵循。

党的十八大以来，以习近平同志为核心的党中央团结带领全党全国各族人民，推动党和国家事业取得了历史性成就、发生了历史性变革。中国工会十六大以来，在党中央的坚强领导下，各级工会坚持以习近平新时代中国特色社会主义思想为指导，学习贯彻习近平总书记关于工人阶级和工会工作的重要论述，牢牢把握为实现中华民族伟大复兴的中国梦而奋斗的工人运动时代主题，砥砺奋进，开拓创新，工运事业和工会工作取得重要成就。各级工会切实加强对职工的思想政治引领，大力弘扬劳模精神、劳动精神、工匠精神，扎实推进产业工人队伍建设改革，深入开展维权服务工作，持续深化工会改革创新，全面加强工会系统党的建设。事实充分证明，这五年是工会组织和工会工作政治性、先进性、群众性进一步增强的五年，是维权服务工作不断推进的五年，是工会深化改革创新锐意进取的五年，是工会系统党的建设持续加强的五年，是工会在党和国家工作大局中的作用有力彰显的五年。

党的十九大提出到2020年全面建成小康社会，到2035年基本实现社会主义现代化，到本世纪中叶把我国建成富强民主文明和谐美丽的社会主义现代化强国。这是全党全国各族人民的共同任务，更是我国工人阶级的历史使命。工人阶级要以高昂的主人翁精神和强烈的责任意识，旗帜鲜明支持改革，全力以赴参与改革，以一往无前、义无反顾的奋发姿态，投身壮阔的民族复兴大业。

劳动最光荣，劳动最崇高，劳动最伟大，劳动最美丽。改革开放、民族复兴，荣光归属于亿万劳动者。今天，中国特色社会主义进入新时代，更加需要在全社会弘扬劳模精神、劳动精神和工匠精神，激励广大劳动者辛勤劳动、诚实劳动、创造性劳动，引导广大职工掌握前沿技术、练就过硬本领、迸发创造伟力，以劳动书写人生，用奋斗镌刻辉煌。置身波谲云诡的国际环境，面对各种各样的考验，更加需要我们不畏风浪，直面挑战，把个人的前途与国家民族的命运紧紧联系在一起，在深化改革开放、推进中国特色社会主义伟大事业进程中，争当新时代的奋斗者，唱响新时代劳动者之歌。

各级工会组织和工会干部要把学习宣传贯彻习近平新时代中国特色社会主义思想作为重大政治任务，与学习贯彻习近平总书记关于工人阶级和工会工作的重要论述结合起来，坚决维护习近平总书记党中央的核心、全党的核心地位，坚决维护党中央权威和集中统一领导，始终坚定正确政治方向，牢牢把握工运时代主题，切实做好维权服务工作，不断深化工会改革创新，深入推进全面从严治党。要围绕党的十九大提出的目标任务，把党和国家重大战略部署转化为工会工作的具体安排和实际行动，组织动员广大职工为实现高质量发展建功立业；扎实推进产业工人队伍建设改革，造就一支有理想守信念、懂技术会创新、敢担当讲奉献的宏大的产业工人队伍；顺应职工群众对美好生活的向往，做好全面深化改革特别是供给侧结构性改革、去产能过程中职工权益维护工作，推动构建和谐劳动关系；牢牢把握群团改革部署要求，聚焦增强政治性、先进性、群众性，构建联系广泛、服务职工的工会工作体系。各级党委要把工会工作摆上重要议程，加强和改进对工会工作的领导，关心工会干部学习和成长，为工会开展工作赋予更多资源、创造更好条件。

今年是改革开放40周年。40年来，我国工人阶级坚定走在时代前列，踊跃投身改革发展，作出了重大的历史贡献。进入新时代、踏上新征程，我们当牢记使命，不忘初心，改革创新，奋发有为。让我们以习近平新时代中国特色社会主义思想为指导，坚持走中国特色社会主义工会发展道路，忠诚党的事业，竭诚服务职工，团结动员亿万职工为决胜全面建成小康社会、夺取新时代中国特色社会主义伟大胜利而奋斗！

预祝大会取得圆满成功！

肩负起新时代主力军的光荣使命

——热烈祝贺中国工会第十七次全国代表大会闭幕

（2018 年 10 月 27 日）

《工人日报》社论

在这丰收和喜悦的季节，中国工会第十七次全国代表大会在北京胜利闭幕。这是在我国进入全面建成小康社会决胜阶段、中国特色社会主义进入新时代召开的一次重要会议，是一次团结、务实、鼓劲、奋进的大会。我们对大会的胜利闭幕和圆满成功表示热烈祝贺！

党中央高度重视这次大会。习近平总书记等党和国家领导人出席了大会开幕式，王沪宁同志代表党中央向大会作了致词。李克强总理为全体代表作了经济形势报告。这是对工人阶级的亲切关怀，对工会组织的殷切期望，广大职工和工会干部深受鼓舞，倍感振奋。大会以习近平新时代中国特色社会主义思想为指导，全面贯彻党的十九大精神，坚持中国特色社会主义工会发展道路，审议并通过了全总十六届执委会报告、《中国工会章程（修正案）》，选举产生了新一届领导机构，圆满完成了各项议程。

习近平总书记始终关心重视工人阶级和工会工作，一次次为劳动者鼓劲、为创新者点赞、为建设者喝彩，围绕工人阶级和工会工作多次发表重要讲话、作出重要指示，形成了习近平总书记关于工人阶级和工会工作的重要论述。这一重要论述意涵深刻、内容丰富，系统完备、科学辩证，是在我国波澜壮阔的工人运动伟大实践中产生的科学理论，具有强大的思想力量、深刻的指导作用、磅礴的实践伟力，是新时代工运事业和工会工作创新发展的理论指导和行动指南。深刻领会和切实践行习近平总书记关于工人阶级和工会工作的重要论述，必须坚持党对工会工作的领导，坚持全心全意依靠工人阶级，坚持为实现中华民族伟大复兴的中国梦而奋斗，坚持中国特色社会主义工会发展道路，坚持弘扬劳模精神、劳动精神、工匠精神，坚持高举维护职工合法权益旗帜，坚持增强政治性、先进性、群众性的工会改革方向，坚持加强基层工会建设。

党的十九大描绘了宏伟蓝图，工会十七大提出了今后五年工会工作的主要任务。各级工会组织要全面贯彻党的十九大精神，以习近平新时代中国特色社会主义思想为指导，深入学习贯彻习近平总书记关于工人阶级和工会工作的重要论述，坚持走中国特色社会主义工会发展道路，坚定政治方向，凝聚奋进力量；着力推进产业工人队伍建设改革取得新进展，充分激发职工劳动热情和创造活力；着力提高工会维权服务工作质量，切实提升职工群众获得感、幸福感、安全感；着力深化工会改革创新，全面增强政治性、先进性、群众性；着力提高工会系统党的建设质量，把工会组织建设得更加充满活力、更加坚强有力。

社会主义是干出来的，新时代也是干出来的。实现党的十九大提出的奋斗目标，是全党全国各族人民的共同任务，更是我国工人阶级的历史使命。我国工人阶级要坚定走在时代前列，展示团结奋斗新风采。要坚守理想信念，彰显阶级本色；弘扬民族精神，引领社会风尚；激发劳动热情，凝聚奋斗伟力；矢志改革创新，勇立时代潮头；勤于学习实践，练就过硬本领。奋进新时代，呼唤包括工人阶级在内的广大劳动群众继续在新时代的舞台上建功立业，以高度的主人翁使命感和历史责任感，积极投身进行伟大斗争、建设伟大工程、推进伟大事业、实现伟大梦想的火热实践，开辟工运事业新前景，展现工人阶级新作为。

奋进新时代，各级工会组织要增强“四个意识”、坚定“四个自信”，坚决维护习近平总书记党中央的核心、全党的核心地位，坚决维护党中央权威和集中统一领导，立足新时代中国特色社会主义的新方位，立足社会主要矛盾新变化，立足共建共治共享社会治理新格局，立足全面深化改革的新阶段，牢牢把握工会组织新使命、新目标、新要求，努力开创新时代工会工作新局面。要始终坚持正确政治方向，推动习近平新时代中国特色社会主义思想在工会系统形成生动实践；牢牢把握为实现中华民族伟大复兴的中国梦而奋斗的工人运动时代主题，团结动员广大职工以主人翁姿态建功新时代；切实维护职工合法权益，推动构建和谐劳动关系；提高服务工作质量，更好满足职工群众美好生活需要；深化工会改革创新，不断增强工会工作的动力活力；推动工会系统党的建设，为做好新时代工会工作提供坚强保证。当前，要迅速在各级工会干部和广大职工中掀起学习宣传贯彻工会十七大精神的热潮，进一步把思想和行动统一到党中央的战略决策部署和对工会工作的重要指示精神上来，把智慧和力量凝聚到贯彻落实工会十七大确定的目标任务上来。

瑰丽的事业召唤我们去奋斗，梦想的力量激励我们去创造。让我们更加紧密地团结在以习近平同志为核心的党中央周围，凝心聚力，锐意进取，以昂扬向上的精神状态和一往无前的奋斗姿态，投身新时代中国特色社会主义建设的伟大实践，在决胜全面建成小康社会、全面建设社会主义现代化国家进程中，肩负起新时代主力军的光荣使命，书写劳动新光荣，绽放梦想新光华！

中国工会第十七次全国代表大会秘书处负责人就工会十七大通过的《中国工会章程（修正案）》答记者问

问： 请您谈谈中国工会十七大修改工会章程的重要意义？

答：《中国工会章程》是中国工会组织的规章性文件和处理中国工会内部事务的基本准则。中国工会十六大以来，各级工会把学习宣传贯彻习近平新时代中国特色社会主义思想和党的十八大、十九大精神作为首要政治任务，认真学习贯彻习近平总书记关于工人阶级和工会工作的重要论述，坚持走中国特色社会主义工会发展道路，把握为实现中华民族伟大复兴的中国梦而奋斗的工人运动时代主题，忠诚党的事业、竭诚服务职工，各项工作取得了显著成效。进入新时代，站在新的历史起点上，积极适应新时代新任务，适应职工群众需求的新变化新要求，对现行的《中国工会章程》进行适当修改，有利于更好地发挥工会章程的规范和指导作用，开创新时代工会工作新局面。

做好《中国工会章程》修改工作，是深入贯彻落实习近平新时代中国特色社会主义思想和党的十九大精神，贯彻落实习近平总书记关于工人阶级和工会工作重要论述的重大举措；是始终坚持党对工会工作的领导，保持工会工作的正确政治方向，坚定不移走中国特色社会主义工会发展道路的内在要求；是保持和增强工会组织和工会工作的政治性、先进性、群众性，把工会组织建设得更加充满活力、更加坚强有力，团结引导职工群众听党话、跟党走的现实需要，对于工会组织牢牢把握我国工人运动时代主题，团结动员广大职工为决胜全面建成小康社会、夺取新时代中国特色社会主义伟大胜利、实现中华民族伟大复兴的中国梦作贡献具有重要意义。

问：这次章程修改工作把握的总体要求和原则是什么？

答：此次工会章程修改把握以下总体要求：坚持以马克思列宁主义、毛泽东思想、邓小平理论、“三个代表”重要思想、科学发展观、习近平新时代中国特色社会主义思想为指导，深入学习贯彻党的十九大和十九届二中、三中全会精神，贯彻落实习近平总书记关于工人阶级和工会工作的重要论述，贯彻落实中央党的群团工作会议精神，充分体现党的十九大确立的重大理论观点、重大战略思想和实践成果，充分体现党的十八大以来党中央对工人阶级和工会工作的重要要求，充分体现中国工会十六大以来在以习近平同志为核心的党中央坚强领导下，工会工作和工会改革取得的理论创新、实践创新和制度创新成果，努力为加强工会组织建设、深入创新发展，开创新时代工会工作新局面提供科学有力的遵循和指导。

具体把握了以下原则：一是突出政治性。根据党的十九大通过的《中国共产党章程（修正案）》精神，以习近平新时代中国特色社会主义思想为指导，贯彻落实习近平总书记关于工人阶级和工会工作的重要论述，坚持党对工会工作的领导，确保正确政治方向。二是体现权威性。依据十三届全国人大一次会议通过的《中华人民共和国宪法修正案》，按照《中华人民共和国工会法》的有关规定，保持工会章程作为中国工会规章性文件和处理内部事务基本准则的严肃性和权威性。三是注重群众性。深入调研论证，广泛征求意见，充分发扬民主，集中全会智慧，尊重基层首创精神，反映基层工会和职工群众创造的新鲜经验。四是把握规律性。着眼新时代赋予工会组织和工会工作的新任务新要求，坚持问题导向，坚持改革创新，力求把工会工作的规律性特点和前瞻性要求体现到工会章程中。五是保持稳定性。本着可改可不改的不改，需要改的准确改好，不作大的修改的原则，对在工会工作实践中已经成熟的工作、制度等内容作适当增加，保持工会章程的连续性和稳定性。

问：请您谈谈这次章程修改工作有什么特点？

答：坚持党的领导、充分发扬民主，集中全会智慧、突出改革创新，是这次章程修改工作的鲜明特点。

坚持党的领导是做好章程修改工作的首要政治要求。在章程修改过程中，认真学习贯彻习近平新时代中国特色社会主义思想和党的十九大精神，学习贯彻习近平总书记关于工人阶级和工会工作的重要论述，贯彻落实中央党的群团工作会议精神，按照党章、宪法修改的精神对工会章程进行适当修改，坚持政治方向，把握正确原则，确保将党的意志和主张贯彻落实到章程修改工作中。

党中央高度重视《中国工会章程》修改工作。中共中央政治局常委、中央书记处书记王沪宁主持召开中央书记处办公会议，专题听取工作汇报，对如何筹备好中国工会十七大特别是修改好工会章程提出明确要求。在全国人大常委会副委员长、中华全国总工会主席王东明的高度重视和领导下，在全总党组书记、副主席、书记处第一书记李玉赋的直接带领下，全总党组、书记处认真贯彻落实中央书记处的重要指示精神，专门成立《中国工会章程》修改小组，并多次召开专题会议进行研究部署，对修改工作和修改内容提出了明确要求，保证了章程修改工作的正确方向。

章程修改工作启动后，全总《中国工会章程》修改小组分赴各省（区、市）开展专题调研，召开各层各类工会干部和一线职工群众参加的座谈会，广泛深入征求意见建议。各省级工会高度重视，组织专门力量，研究征集修改意见。同时，专门征求中央组织部、中央编办、共青团中央、全国妇联等有关单位的意见建议。根据各方面反馈的意见和建议，对章程修正案进行了认真修改完善。经全总十六届十八次主席团会、九次执委会审议同意，形成了提交中国工会第十七次全国代表大会审议的章程修正案。中国工会十七大期间，全体代表对章程修正案进行认真讨论和审议，提出一些修改意见。全总《中国工会章程》修改小组综合这些意见，进行了修改完善。10月26日，大会全体会议一致通过《中国工会章程（修正案）》。

问：章程修正案把习近平新时代中国特色社会主义思想确立为中国工会指导思想的重大意义？

答：党的十九大把习近平新时代中国特色社会主义思想确立为党的指导思想，实现了党的指导思想的又一次与时俱进。在这次章程修改征求意见过程中，各级工会组织和广大会员一致建议，将习近平新时代中国特色社会主义思想写入工会章程，作为中国工会必须长期坚持的指导思想。章程修正案采纳了这项建议，将习近平新时代中国特色社会主义思想与马克思列宁主义、毛泽东思想、邓小平理论、“三个代表”重要思想、科学发展观一道，确立为中国工会的指导思想。作这样的修改，是中国工会坚持以习近平新时代中国特色社会主义思想为指导，坚决维护习近平总书记党中央的核心、全党的核心地位，坚决维护党中央权威和集中统一领导，在政治立场、政治方向、政治原则、政治道路上同以习近平同志为核心的党中央保持高度一致的根本举措，是中国工会坚持自觉接受中国共产党的领导，坚定不移走中国特色社会主义工会发展道路，确保工会工作正确政治方向的政治要求，是中国工会积极适应新时代赋予工会组织和工会工作新任务新要求，开创新时代工会工作新局面的基本遵循和科学指针，充分反映了工会干部和广大职工群众的热切期盼和共同心声。同时，为深入学习贯彻习近平新时代中国特色社会主义思想，在学懂弄通做实上下功夫，在第四条会员的义务和第三十二条工会干部的基本任务中，增写了学习贯彻习近平新时代中国特色社会主义思想的内容。

问：章程修正案对学习贯彻习近平总书记关于工人阶级和工会工作的重要论述作了哪些充实？

答：习近平总书记关于工人阶级和工会工作的重要论述，是习近平新时代中国特色社会主义思想的重要组成部分，是新时代工运事业和工会工作创新发展的理论指导和行动指南。章程修正案在总则部分增写了工人阶级“是中国共产党最坚实最可靠的阶级基础”，鲜明强调中国工会“坚持自觉接受中国共产党的领导”和“承担团结引导职工群众听党话、跟党走的政治责任”，中国工会“保持和增强政治性、先进性、群众性”，工会的基本职责增写“竭诚服务职工群众”的内容，提出中国工会“把握为实现中华民族伟大复兴的中国梦而奋斗的工人运动时代主题”“弘扬劳模精神、劳动精神、工匠精神”等，明确中国工会落实新时代党的建设总要求的具体内容。这些修改，有利于各级工会深刻领会和切实践行习近平总书记关于工人阶级和工会工作的重要论述，立足新时代中国特色社会主义的新方位、社会主要矛盾的新变化、共建共治共享社会治理的新格局、全面深化改革的新阶段，把握工会组织新使命、新目标、新要求，在工会各项工作中全面体现、全面落实，形成新的生动实践。

问：章程修正案对工会坚持党的领导作了哪些强调？

答：在此次章程修改征求意见过程中，广大会员和工会干部一致认为，应在章程中更鲜明体现“坚持党的领导”这一根本政治原则。章程修正案采纳这条建议，在总则第三自然段后增写了一个自然段，明确中国工会坚持的政治原则和承担的政治责任，表述为：中国工会坚持自觉接受中国共产党的领导，承担团结引导职工群众听党话、跟党走的政治责任，巩固和扩大党执政的阶级基础和群众基础。作这样的修改，有利于进一步突显中国工会的政治性，提升开展工作的政治站位，强化履行职责的政治责任，树立衡量工作的政治标准，更好地履行党中央交给工会的政治任务，更好地把党的领导贯彻落实到工会工作的各方面全过程。

问：章程修正案对中国工会落实党的建设总要求作了哪些强调？

答：为贯彻落实新时代党的建设总要求，加强工会系统党的建设，章程修正案在总则最后专门增写一个有关自然段。增写这一自然段，对于贯彻落实党中央关于全面加强党的建设总要求，加强工会系统党的建设具有重要意义，是保持和增强工会组织和工会工作政治性、先进性、群众性的重要举措，为推进工会工作创新发展、开创新时代工会工作新局面提供坚强的政治保证，有利于各级工会认真贯彻新时代党的建设总要求，坚持以党的政治建设为统领，从严从实加强工会系统党的各项建设，全面履行管党治党政治责任，推动工会系统全面从严治党向纵深发展，把全总机关和各级工会党组织建设得更加充满活力、更加坚强有力。

问：章程修正案对中国工会的基本职责作了如何修改？

答：为深入贯彻落实习近平新时代中国特色社会主义思想，

习近平总书记关于工人阶级和工会工作的重要论述，体现中国工会十六大以来在加强维权服务方面取得的理论创新、制度创新、实践创新成果，章程修正案在中国工会的基本职责中增写了“竭诚服务职工群众”。

着眼新时代新任务新需求，把中国工会的基本职责修改为维护职工合法权益、竭诚服务职工群众，同时，明确了中国工会以忠诚党的事业、竭诚服务职工为己任，是深入学习贯彻落实习近平新时代中国特色社会主义思想的重大举措，是贯彻落实以人民为中心的发展思想的时代需要，是推进新时代党的工运事业和工会工作创新发展的题中应有之义。作这样的修改，有利于各级工会组织进一步树立以职工为中心的鲜明工作导向，增强担当作为，把工作重心放在广大职工身上，构建联系广泛、服务职工的工作体系，拓宽服务职工领域，通过扎实的维权帮扶和保障服务，真心实意为职工办实事、做好事、解难事；有利于各级工会组织适应新时代我国社会主要矛盾的变化，顺应职工对美好生活的新期待，积极主动研究解决职工群众在劳动经济、精神文化、民主法治、公平公正、安全健康卫生等方面的多样化需求，使职工获得感、幸福感、安全感明显提升。

问：章程修正案对工会围绕中心服务大局调整充实了哪些新的内容？

答：章程修正案根据党的十九大确立的重大理论观点、重大战略思想和实践成果，对总则部分有关内容进行了充实和完善。一是在总则第三自然段，将把我国建设成为富强民主文明和谐的社会主义现代化国家修改为把我国建设成为富强民主文明和谐美丽的社会主义现代化强国。在总则原第五自然段中，增写按照中国特色社会主义事业“五位一体”总体布局和“四个全面”战略布局，贯彻创新、协调、绿色、开放、共享的发展理念的内容。在总则原第十三自然段将推动形成公正合理、民主和谐的国际工运新秩序修改为积极参与“一带一路”建设，增进我国工人阶级同各国工人阶级的友谊，增写在推动构建人类命运共同体中发挥作用等内容。作这样的修改，有利于工会更好地围绕中心、服务大局，开创新时代工会工作新局面。二是根据党中央关于加强产业工人队伍建设改革的部署，在总则原第五自然段中，增写践行社会主义核心价值观，提高技术技能素质，推进产业工人队伍建设改革的内容。作这些修改，有利于工会更好地承担起推进产业工人队伍建设改革的职责任务，积极动员引导广大职工群众发扬工人阶级伟大品格，推动改革方案落地见效，加快建设高素质产业工人队伍。三是在总则原第六自然段中，增写维护工人阶级和工会组织的团结统一的内容。作这样的修改，有利于工会更好地发挥在创新社会治理和维护社会和谐稳定中的重要作用，在完善社会治理体制与提高社会治理水平中发挥工会的优势和作用。

问：章程修正案对中国工会加强自身建设提出了哪些新要求？

答：章程修正案贯彻落实习近平总书记在中央党的群团工作会议上的重要讲话和关于群团改革工作的重要指示精神，充分体现工会改革取得的创新成果，将相关内容充实进总则有关自然段。一是在总则第三自然段增写保持和增强政治性、先进性、群众性的内容。二是在总则原第十自然段明确党中央关于群团组织改革的目标和功能定位，增写构建联系广泛、服务职工的工作体系，增强团结教育、维护权益、服务职工的功能的内容。作这些充实，有利于工会改革始终沿着正确的方向深入推进。三是根据各级工会推进基层工会改革创新的实践经验和创新成果，增写着力扩大覆盖面、增强代表性，着力强化服务意识、提高维权能力，着力加强队伍建设、提升保障水平的内容，明确坚持服务职工群众的工作生命线，鲜明提出增强基层工会的吸引力凝聚力战斗力，把工会组织建设得更加充满活力、更加坚强有力的目标和方向。作这些增写，是深入贯彻落实习近平总书记关于基层工会建设“三个着力”重要指示精神的具体举措，有利于更好地适应劳动关系领域发展新形势，切实履行工会职责，树立大抓基层的鲜明导向，坚持落实到基层、落实靠基层的理念，持续加强基层工会建设，推进新时代基层工会工作创新发展。

问：章程修正案对工会会员方面作出了哪些调整充实？

答：为更好体现新时代对会员提出的新要求，结合各级工会工作实践，章程修正案对工会会员部分内容进行了调整和充实。一是根据各级工会在服务职工、维护职工合法权益等方面所作的积极努力和创新实践，在第三条会员权利第五项工会提供的服务中增写互助保障的内容。二是在第四条会员义务中增写立足本职岗位建功立业，弘扬中华民族传统美德的内容，并将维护社会公德和职业道德修改为恪守社会公德、职业道德、家庭美德、个人品德。

问：章程修正案对工会的组织制度作出了哪些调整？

答：为加强上级工会对下级工会的领导和服务，章程修正案在第九条第六项中，增写工会各级领导机关加强对下级组织的领导和服务的内容，并强调下级组织应及时向上级组织请示报告工作。作这样的修改，有利于更好地贯彻民主集中制原则，更好地维护工会组织团结统一。

问：章程修正案对工会的地方组织建设作出了哪些修改？

答：根据工会地方组织建设工作的实践，回应基层呼声，章程修正案在第二十二条第三款中，将直辖市和设区的市总工会可在区建立区一级工会组织或者设派出代表机关，修改为直辖市和设区的市总工会在区一级建立总工会。作这样的修改，有利于规范区一级工会的组织形式，健全完善工会组织体系。

问：章程修正案对工会的基层组织建设及发挥作用充实了哪些内容？

答：章程修正案着眼增强吸引力凝聚力战斗力，充分发挥基层工会作用，对加强基层工会组织建设提出明确要求，增写从实际出发，建立区域性、行业性工会联合会，推进新经济组织、新社会组织工会组织建设的内容。对工会基层委员会基本任务进行充实完善，在第二十八条中增写在公司制企业落实职工董事、职工监事制度，组织职工开展技能培训，培育工匠人才，加强对职工的政治引领和思想教育，开展法治宣传教育，重视人文关怀和心理疏导，推动落实职工福利待遇的内容。同时，根据《安全生产法》《职业病防治法》《生产安全事故报告和调查处理条例》有关规定，将第二十八条第六项中劳动安全卫生修改为安全生产、职业病防治，将参与劳动安全卫生事故的调查处理修改为参与生产安全事故和职业病危害事故的调查处理。

问：章程修正案对工会干部队伍建设提出了哪些新要求？

答：根据习近平总书记提出的好干部标准，着眼建设忠诚干净担当的高素质工会干部队伍，对照党章对党的干部一章的修改，章程修正案对工会干部提出了新的要求，在第三十二条增写学习政治、历史、文化、科技等知识的内容，强调要提高政治能力，增强群众工作本领，增写信念坚定、敢于担当，增强群众意识和群众感情的内容。在第三十三条，将重视培养和选拔青年干部、妇女干部修改为重视发现培养和选拔优秀年轻干部、女干部。

问：章程修正案对工会经费和资产的管理使用作了哪些规定？

答：为严格规范各级工会经费和资产使用管理，章程修正案对工会经费和资产部分进行修改。一是为切实保障基层工会独立使用管理工会经费的权利，将原第三十七条第三款具备社团法人资格的工会可以依法设立独立经费账户修改为应当依法设立独立经费账户。二是为严格工会资产监督管理，保证工会资产完整安全，将原第三十八条各级工会应当加强对工会资产的监督管理修改为各级工会依法依规加强对工会资产的监督、管理。三是充实经费审查监督体制的内容，在原第三十八条中增写下审一级的内容。同时，进一步明确工会经费审查委员会的职责，在第十三条中增写经费审查委员会接受上级工会经费审查委员会的监督的内容。

问：章程修正案还调整和充实了哪些内容？

答：一是为充分体现工会改革过程中积极推行“互联网+”工会普惠性服务的创新实践，章程修正案在总则原第十自然段，增写构建智慧工会的内容。二是为落实全面从严治党要求，充分体现工会改革成果，突出和强化工会兴办的企业、事业服务基层、服务职工的功能，章程修正案在总则原第十一自然段，增写坚持公益性、服务性的内容。三是在第三十六条工会经费的来源后增写一条，明确工会经费的使用、管理和支出原则。

问：中国工会十七大对各级工会贯彻落实章程提出了哪些要求？

答：《中国工会章程（修正案）》明确要求，各级工会组织和广大工会会员增强政治意识、大局意识、核心意识、看齐意识，坚定道路自信、理论自信、制度自信、文化自信，坚决维护习近平总书记党中央的核心、全党的核心地位，坚决维护党中央权威和集中统一领导，在思想上政治上行动上同以习近平同志为核心的党中央保持高度一致，高举习近平新时代中国特色社会主义思想伟大旗帜，更加自觉地学习章程、遵守章程、贯彻章程、维护章程，加强自身建设、履行使命担当，凝心聚力、开拓进取，为决胜全面建成小康社会、夺取新时代中国特色社会主义伟大胜利、实现中华民族伟大复兴的中国梦而努力奋斗！

问：请您介绍一下，对各级工会和广大会员关于章程修改的意见和建议是怎么处理的？

答：这次章程修改，广泛征求各方面意见，充分采纳了广大会员和工会干部对章程提出的修改意见和建议。有些意见和建议虽然章程修正案没有采纳，但主要精神已经体现在中国工会十七大报告中；有些意见和建议还需要在实践中进一步研究和探索；有些具体意见和建议，则将在其他工会内部规章制度中体现。

（《工人日报》2018 年 10 月 27 日）

学习宣传贯彻通知

中华全国总工会关于认真学习宣传贯彻习近平总书记重要讲话精神完成好中国工会十七大目标任务的通知

（工发电〔2018〕18号）

各省、自治区、直辖市总工会，各全国产业工会，中央和国家机关工会联合会筹备组，全总各部门、各直属单位：

2018年10月22日至26日，中国工会第十七次全国代表大会胜利召开。10月29日，习近平总书记同全总新一届领导班子成员集体谈话并发表重要讲话。为认真学习宣传贯彻习近平总书记重要讲话精神，完成好中国工会十七大目标任务，现通知如下。

一、充分认识学习宣传贯彻习近平总书记重要讲话精神、完成好中国工会十七大目标任务的重要意义

中国工会第十七次全国代表大会，是在我国进入全面建成小康社会决胜阶段、中国特色社会主义进入新时代召开的一次重要会议。大会的主题是：以习近平新时代中国特色社会主义思想为指导，坚持走中国特色社会主义工会发展道路，忠诚党的事业，竭诚服务职工，团结动员亿万职工为决胜全面建成小康社会、夺取新时代中国特色社会主义伟大胜利而奋斗。

党中央高度重视中国工会十七大。习近平总书记等党和国

家领导人出席大会开幕式，中共中央政治局常委、国务院总理李克强为大会代表作经济形势报告，中共中央政治局常委、中央书记处书记王沪宁代表党中央向大会作了题为《展示新时代我国工人阶级团结奋斗新风采》的致词。大会闭幕后，习近平总书记同全总新一届领导班子成员集体谈话并发表重要讲话，对中国工会十七大成功召开、对全国总工会新一届领导班子表示热烈祝贺，向全国各族职工群众、劳动模范和工会工作者致以诚挚问候；充分肯定过去五年全国总工会和各级工会做了大量富有成效的工作，工会在党和国家工作大局中的作用进一步彰显；对推进新时代工运事业和工会工作提出新的更高要求。习近平总书记的重要讲话，为各级工会组织和广大工会干部指明了前进方向、提供了强劲动力，是推进新时代工运事业和工会工作的纲领性文献。

大会批准了全国人大常委会副委员长、中华全国总工会主席王东明代表全总十六届执委会所作的《以习近平新时代中国特色社会主义思想为指导　团结动员亿万职工为决胜全面建成小康社会　夺取新时代中国特色社会主义伟大胜利而奋斗》的报告。报告贯彻了习近平新时代中国特色社会主义思想，深刻阐述了习近平总书记关于工人阶级和工会工作的重要论述，总结了中国工会第十六次全国代表大会以来的工作，提出了今后五年工会工作的总体要求与主要任务。大会审议通过了《中国工会章程（修正案）》，把习近平新时代中国特色社会主义思想同马克思列宁主义、毛泽东思想、邓小平理论、“三个代表”重要思想、科学发展观一道确立为中国工会的指导思想，明确了中国工会承担团结引导职工群众听党话、跟党走的政治责任，履行维护职工合法权益、竭诚服务职工群众的基本职责，充分体现了中国工会十六大以来理论创新、实践创新、制度创新的成果，有利于更好地发挥工会章程的规范和指导作用。大会批准了全总十六届执委会财务工作报告和全总十六届经审会工作报告，总结了工作经验，提出了今后发展目标。大会选举产生中华全国总工会新一届领导机构，实现了领导班子的新老交替。全总党组书记、副主席、书记处第一书记李玉赋致闭幕词。大会洋溢着团结和谐、昂扬向上、热烈隆重的氛围，达到了统一思想、振奋精神、坚定信心、凝聚力量的目的，是一次团结、务实、鼓劲、奋进的大会。

认真学习宣传贯彻习近平总书记重要讲话精神，完成好工会十七大提出的目标任务，事关新时代工运事业和工会工作的长远发展，事关广大职工群众的根本利益和切身利益，事关各级工会组织和广大工会干部的共同意志和迫切愿望。学习好、宣传好、贯彻好习近平总书记重要讲话精神，完成好工会十七大目标任务，对于更好地激励全国亿万职工和广大工会干部，以昂扬向上的精神状态和一往无前的奋斗姿态，投身新时代中国特色社会主义的伟大实践，在决胜全面建成小康社会、夺取新时代中国特色社会主义伟大胜利、实现中华民族伟大复兴中国梦的历史进程中凝心聚力、奋发作为，谱写工运事业和工会工作新篇章，具有重大而深远的意义。

二、深入学习领会习近平总书记重要讲话的重大意义和精神实质

习近平总书记在同全总新一届领导班子成员集体谈话时发表的重要讲话，站在党和国家工作大局的战略高度，科学回答了工人阶级和工会工作一系列方向性、根本性、战略性问题，高屋建瓴、思想深邃，情真意切、语重心长。各级工会组织和广大工会干部要认真学习贯彻习近平总书记重要讲话精神，进

一步加深对习近平总书记关于工人阶级和工会工作的重要论述的理解把握，自觉用以武装头脑、指导实践、推动工作。

深刻认识坚持党对工会工作领导的根本原则。习近平总书记指出，在坚持党的领导这个根本问题上，工会必须旗帜鲜明、立场坚定，全国总工会更要带好头、站好位，决不能含糊；工会工作做的是群众工作，实质上就是政治工作，讲政治是第一位的要求；工会要忠诚党的事业，通过扎实有效的工作把坚持党的领导和我国社会主义制度落实到广大职工群众中去。这些重要论述，进一步指出了工运事业始终是党的事业的重要组成部分，工会工作是党治国理政的一项经常性、基础性工作，深刻揭示了工会必须自觉接受党的领导的历史规律性、时代必然性，明确了工会工作的政治定位和工会组织的政治属性，为做好新时代工会工作提供了政治保证。

深刻认识工会团结动员亿万职工积极建功新时代的使命担当。习近平总书记强调，新时代属于每一个人，每一个人都是新时代的见证者、开创者、建设者；完成党的十九大提出的目标任务，必须充分发挥工人阶级主力军作用；号召广大职工要牢牢把握为实现中国梦而奋斗的时代主题，把自身的前途命运同国家和民族前途命运紧紧联系在一起，把个人梦同中国梦紧紧联系在一起，把实现党和国家确立的发展目标变成自己的自觉行动，爱岗敬业、争创一流，以不懈奋斗书写新时代华章，共同创造幸福生活和美好未来；劳动和技能竞赛是工会的传统优势、工作品牌，新时代要注入新内涵。这些重要论述，丰富和发展了党的工运理论，赋予了工人阶级崇高使命，为工会组织服务大局、发挥作用、彰显价值进一步明确了坐标定位。

深刻认识加强职工思想政治引领是工会组织的重要任务。习近平总书记指出，对群团组织来说，谁能把自己联系的群众最广泛最紧密地团结在党的周围，谁的工作就是做得好，反之就是做得不好；引导职工群众听党话、跟党走，巩固党执政的阶级基础和群众基础，是工会组织的政治责任；如何把职工群众团结引导好，关键是深入细致做好思想政治工作，这是工会工作的优良传统。这些重要论述，深刻分析了当前职工队伍面临的新情况新变化，指出了职工思想政治工作面临的新挑战新问题，强调了加强职工思想政治引领的极端重要性、现实紧迫性。

深刻认识工会履行维权服务的基本职责。习近平总书记强调，增进民生福祉是发展的根本目的，国家发展过程也是全体人民共享成果的过程；工会要把服务职工、维护职工合法权益的大旗牢牢掌握在手中，把群众观念牢牢根植于心中，哪里的职工合法权益受到侵害，哪里的工会就要站出来说话。这些重要论述，指出了工会组织的天职和工会工作的生命线，深刻阐明了工会组织代表谁、联系谁、服务谁这一根本性问题。

深刻认识深化工会改革创新的方向目标。习近平总书记强调，工会改革是全面深化改革的重要组成部分，要求工会认真落实党中央关于深化群团改革的决策部署，构建联系广泛、服务职工的工会工作体系，在建机制、强功能、增实效上下功夫，在已有改革成效基础上不断深化，切实把党中央关于深化工会改革的决策部署落到实处。这些重要论述，充分肯定了工会改革的成效，明确了深化工会改革的新要求新任务，指出了推进改革的切入点着力点落脚点，为做好新时代工会工作注入了强大的动力。

习近平总书记的重要讲话，深刻总结了我们党推进工运事业和工会工作的成功经验，集中阐述了新时代党中央关于工人阶级和工会工作的大政方针，蕴含着习近平总书记的深邃思考和殷切希望，把我们党对工运事业和工会工作的规律性认识提升到了一个新高度，进一步丰富发展了习近平总书记关于工人阶级和工会工作的重要论述，在指导工运事业和工会工作中展示出强大的思想力量、巨大的引领作用、磅礴的实践伟力。各级工会组织和广大工会干部要认真学习宣传贯彻习近平总书记重要讲话精神，充分认识讲话的重大政治意义、深远历史意义、深刻理论意义、鲜明实践意义，深刻理解把握讲话的精神实质和丰富内涵，不断增强为党的工运事业奋斗的政治责任感和历史使命感。

三、全面准确理解和把握工会十七大精神

工会十七大精神内容丰富，涉及工会工作各个方面，要认真学习中央领导同志的重要讲话精神，深入研读工会十七大文件，努力掌握核心要义。

深入领会李克强总理作的经济形势报告。报告深刻分析了当前我国经济发展的基本面以及面临的机遇和挑战，提出了应对的思路和措施，阐释了我国经济发展的潜力，充分展示了党中央、国务院科学把握经济发展大势，推动经济持续健康发展的意志和能力，极大地鼓舞了全国广大职工群众和工会干部，增强了战胜困难的信心和决心，激发了广大职工当好主人翁、建功新时代的热情。报告围绕劳动就业、收入分配、社会保障、安全生产和职业健康、农民工和女职工权益、困难职工帮扶、产业工人队伍建设改革、工会工作等与职工利益密切相关的问题作了重点阐述，回应了广大职工关心的热点难点问题，体现了党中央、国务院对职工群众利益的关心关注。报告对工会组织和工会干部予以高度评价，强调各级政府要站在全局和战略高度，充分认识工会工作重要性，大力支持工会工作，为工会

发挥作用提供保障、创造条件，对各级工会组织和广大工会干部是有力的鼓舞和鞭策。这对于更好地学习贯彻习近平新时代中国特色社会主义思想和党的十九大精神，坚定信心、振奋精神，凝聚力量、拼搏进取，在党和国家工作大局中充分发挥工人阶级主力军作用、展现工会组织新作为，具有十分重要的指导意义。

深入领会王沪宁同志代表党中央作的致词。致词高度评价了我国工人阶级在改革开放和社会主义现代化建设中作出的突出贡献，明确指出我国工人阶级不愧是中国共产党最坚实最可靠的阶级基础，不愧是我们社会主义国家的领导阶级，不愧是先进生产力和生产关系的代表，不愧是坚持和发展中国特色社会主义的主力军。致词强调我国工人阶级要勇担历史使命，坚守理想信念、彰显阶级本色，弘扬民族精神、引领社会风尚，激发劳动热情、凝聚奋斗伟力，矢志改革创新、勇立时代潮头，勤于学习实践、练就过硬本领，把思想和行动统一到党的十九大精神上来，把智慧和力量凝聚到落实党中央决策部署上来，唱响新时代奋斗者之歌。致词对工会工作提出了明确要求，强调工会承担着组织动员广大职工为完成党的中心任务而共同奋斗的重大责任，要始终坚定正确政治方向，牢牢把握工运时代主题，扎实推进产业工人队伍建设改革，切实做好维权服务工作，不断深化工会改革创新，深入落实全面从严治党要求，把工会组织建设得更加充满活力、更加坚强有力。致词强调各级党委要把工会工作摆上重要议程，加强和改进对工会工作的领导。党中央的致词，具有很强的思想性、指导性和针对性，充分体现了以习近平同志为核心的党中央对工人阶级和工会工作的关心关怀和高度重视，体现了对进一步做好工会工作的殷切期望和明确要求，为开好工会十七大提供了坚强的政治保证，为在新时代新起点上开创工会工作新局面提供了有力的指导。

深入领会王东明同志作的工会十七大报告。十七大报告站在历史和现实结合的维度，从宏观和全局的高度，全面总结了工会十六大以来工会工作取得的重大进展，为进一步强化思想武装、掌握工会工作现状、总结有益经验、做好今后工会工作奠定坚实基础。报告对习近平总书记关于工人阶级和工会工作重要论述的基本内涵，进行了系统深刻的阐述，明确其基本内涵是“八个坚持”，即坚持党对工会工作的领导，坚持全心全意依靠工人阶级，坚持为实现中华民族伟大复兴的中国梦而奋斗，坚持中国特色社会主义工会发展道路，坚持弘扬劳模精神、劳动精神、工匠精神，坚持高举维护职工合法权益旗帜，坚持增强政治性、先进性、群众性的工会改革方向，坚持加强基层工会建设等，指出坚持党的领导是关键，增强政治性、先进性、群众性是根本，维护职工权益、服务职工群众是重点。报告强调习近平总书记关于工人阶级和工会工作重要论述的实践要求是“四个立足”，即立足新时代中国特色社会主义新方位，在实现党的十九大描绘的宏伟蓝图中贡献力量；立足社会主要矛盾新变化，在不断满足职工群众美好生活需要中担当作为；立足共建共治共享社会治理新格局，在推动构建中国特色和谐劳动关系中履职尽责；立足全面深化改革新阶段，在构建联系广泛、服务职工的工会工作体系中开拓创新。这是报告的灵魂，也是报告的最大亮点。报告提出了今后五年工会工作的主要任务，即“一个全面四个着力”，其中“全面贯彻党的十九大精神，以习近平新时代中国特色社会主义思想为指导，深入学习贯彻习近平总书记关于工人阶级和工会工作的重要论述，坚持走中国特色社会主义工会发展道路，坚定政治方向，凝聚奋进力量”是总的要求；“着力推进产业工人队伍建设改革，充分激发职工劳动热情和创造活力；着力做好工会维权服务工作，切实提升职工群众获得感、幸福感、安全感；着力深化工会改革创新，全面增强政治性、先进性、群众性；着力提高工会系统党的建设质量，把工会组织建设得更加充满活力、更加坚强有力”，是今后五年工会工作的具体落脚点和着力点。报告旗帜鲜明、主题突出，立意高远、论述深刻，贯彻了党中央的重大决策部署和关于工会工作的重要指示精神，适应新的形势发展，符合党的要求、工会的实际和职工的期望，集中了各级工会干部和职工群众的智慧，体现了鲜明的政治性、时代性、群众性、创新性，是一份体现中央精神、反映职工意愿、推动新时代工会工作沿着正确方向不断创新发展的重要文献。

四、认真把习近平总书记重要讲话精神落到实处，完成好中国工会十七大目标任务

学习宣传贯彻习近平总书记重要讲话精神、完成好工会十七大提出的目标任务，是当前和今后一个时期各级工会组织和广大工会干部的重大政治任务。各级工会要采取有力措施，加大宣传贯彻力度，确保习近平总书记重要讲话精神不折不扣落实到工会工作各方面、全过程，努力推动工会十七大目标任务的实现。

加强组织领导，掀起学习宣传热潮。各级工会要按照全总统一部署，紧密联系本地区、本产业、本单位工会工作实际，作出专门安排，提出具体要求，开展各具特色的学习宣传活动。既要整体把握、全面系统，又要突出重点、抓住关键，要把学习宣传贯彻工作聚焦到习近平新时代中国特色社会主义思想上来，聚焦到习近平总书记关于工人阶级和工会工作的重要论述上来，聚焦到习近平总书记在同全总新一届领导班子成员集体

谈话时重要讲话精神上来，精心组织、周密部署，务求学习宣传贯彻工作取得实效。要将习近平总书记重要讲话精神、工会十七大精神及时向党委汇报、政府通报，进一步争取党委和政府对工会工作的重视和支持。各级工会领导干部要带头做学习的模范、宣传的模范、贯彻的模范，努力把大会精神落到实处。

加强宣讲培训，力求学懂弄通做实。要把学习宣传贯彻习近平总书记重要讲话精神、完成好工会十七大目标任务作为工会干部教育培训工作、加强工会领导班子建设和基层工会组织建设的重中之重，通过举办专题学习会、讨论会、报告会、研讨会、专题培训班等，对全体工会干部进行分期分批集中、系统的轮训。各级工会党组理论学习中心组要将其作为学习的重点内容，开展专题学习、交流和研讨，加强对习近平总书记重要讲话精神、工会十七大精神的深刻理解、研究阐释。要抽调骨干力量组成宣讲团，领导干部带头深入工厂车间、生产一线、基层工会宣讲，以实际行动带动广大工会干部和职工群众深入学习。加强宣讲的针对性、生动性、思想性，与学习贯彻党的十九大精神、习近平总书记关于工人阶级和工会工作的重要论述结合起来，与党中央关于工人阶级和工会工作一系列重要指示精神结合起来，把大会精神讲清楚、讲明白，让广大工会干部和职工群众听得懂、能领会、可落实。为全面准确领会工会十七大报告的精神实质，全国总工会有关部门要统一组织编写学习辅导读本，供各级工会组织、广大工会干部及关心工会工作的各界读者学习宣传工会十七大报告时参考。

加强舆论宣传，努力营造良好氛围。积极协调中央媒体做好各级工会和广大职工学习宣传贯彻习近平总书记重要讲话精神的跟踪报道，组织工人日报、中工网、《中国工运》、《中国工人》等工会媒体开设专题专栏，工人出版社出版学习宣传书籍，充分运用新技术新应用创新媒体传播方式，不断增强宣传的实效性和影响力。要及时报道广大工会干部和职工群众对习近平总书记重要讲话精神、工会十七大精神的热烈反响和学习体会，引导全国各级工会和广大工会干部奋力开创新时代工会工作新局面。

加强督促检查，狠抓工作落地见效。坚持因地制宜，认真研究制定贯彻落实大会精神的措施意见，筹划好明年和今后一个时期的工作，理清思路、明确目标，拿出具体举措。搞好学习宣传贯彻的跟踪问效，加强工作指导，开展督促检查，及时通报各级工会学习宣传贯彻进展情况，切忌形式主义，真正形成层层抓落实、人人抓落实、事事抓落实的良好局面。

各级工会要将学习宣传贯彻习近平总书记重要讲话精神、落实工会十七大目标任务的情况及时报告中华全国总工会办公厅。

中华全国总工会

2018 年 10 月 31 日

编者后记

中国工会第十七次全国代表大会是深入贯彻落实党的十九大精神、推动新时代工会工作开创新局面的一次重要会议，是全国亿万职工群众和广大工会干部政治生活中的一件大事。认真学习宣传贯彻习近平总书记在同全国总工会新一届领导班子成员集体谈话时的重要讲话精神和中国工会十七大精神，关系工会工作全局，关系工运事业长远发展。为此，我们组织编辑了《中国工会十七大文件汇编》一书，供各级工会组织、广大工会干部及关心工会工作的各界读者学习参考。

全书分为6个部分，主要编录党和国家领导人讲话、报告、致词，中国工会十七大文件，中国工会十七大领导机构、全国总工会十七届领导机构名单，人民团体、解放军贺词，新闻宣传和学习宣传贯彻通知等。

全国总工会对本书的汇编高度重视。全国总工会党组书记、副主席、书记处第一书记、中国工会十七大文件起草组组长李玉赋担任本书主编。

参加本书汇编的是中国工会十七大报告起草小组的部分成员，他们是（按姓氏笔画为序）：王娇萍、吕国泉、阳万雄、李羿、李蕾、李睿祎、步志昊、吴斌、张广、张妍廷、邹广子、郝帅、徐世鼎、逄国君、陶志勇、赖金金、廖枢权。全国总工会研究室主任吕国泉、副主任陶志勇负责组织协调等工作。中国工会十七大工会章程修改小组、财务工作报告起草小组、经审工作报告起草小组和组织组等做了相关工作。

2018 年 10 月

图书在版编目（CIP）数据

中国工会十七大文件汇编 / 李玉赋主编. —北京：中国工人出版社，2018.10
ISBN 978-7-5008-7072-2

Ⅰ. ①中… Ⅱ. ①李… Ⅲ. ①中国工会代表大会—文件—汇编 Ⅳ. ①D412.3

中国版本图书馆CIP数据核字（2018）第237083号

中国工会十七大文件汇编

出 版 人　王娇萍
责任编辑　赵晨羽　罗荣波
责任校对　孙迺伟
责任印制　栾征宇
出版发行　中国工人出版社
地　　址　北京市东城区鼓楼外大街45号　邮编：100120
网　　址　http://www.wp-china.com
电　　话　（010）62005043（总编室）　（010）62005039（出版物流部）
　　　　　（010）82075935（工会与劳动关系分社）
发行热线　（010）62004002　62033018　62046264　（010）82081553（传真）
经　　销　各地书店
印　　刷　北京市密东印刷有限公司
开　　本　660毫米×960毫米　1/16
印　　张　16
字　　数　180千字
版　　次　2018年11月第1版　2018年11月第2次印刷
定　　价　26.00元